FACULTÉ DE DROIT DE PARIS

DE

L'ADMINISTRATION DU TUTEUR

EN DROIT ROMAIN

DE

L'ADMINISTRATION DE LA FORTUNE MOBILIÈRE

DES MINEURS

EN DROIT FRANÇAIS

THÈSE POUR LE DOCTORAT

L'ACTE PUBLIC SUR LES MATIÈRES CI-APRÈS SERA SOUTENU

Le Jeudi 2 Juin 1881, à 1 heure et demie

Par Louis SALVAN

LAURÉAT DE LA FACULTÉ DE DROIT DE TOULOUSE (Concours de première et de seconde année)
AVOCAT A LA COUR D'APPEL DE PARIS

PARIS

LIBRAIRIE NOUVELLE DE DROIT ET DE JURISPRUDENCE

ARTHUR ROUSSEAU, ÉDITEUR

14, RUE SOUFFLOT ET RUE TOULLIER, 13

1881

Châteauroux — Imp. Nuret, MAJESTÉ, successeur

DE
L'ADMINISTRATION DU TUTEUR
EN DROIT ROMAIN

DE
L'ADMINISTRATION DE LA FORTUNE MOBILIÈRE
DES MINEURS
EN DROIT FRANÇAIS

THÈSE POUR LE DOCTORAT

L'ACTE PUBLIC SUR LES MATIÈRES CI-APRÈS SERA SOUTENU
Le Jeudi 2 Juin 1881, à 1 heure et demie
Par Louis SALVAN

LAURÉAT DE LA FACULTÉ DE DROIT DE TOULOUSE (Concours de première et de seconde année)
AVOCAT A LA COUR D'APPEL DE PARIS

PRÉSIDENT : M. BUFNOIR, Professeur.

SUFFRAGANTS :
- MM. LABBÉ
- GLASSON } Professeurs.
- ALGLAVE
- RIPERT, } Agrégés.

PARIS
LIBRAIRIE NOUVELLE DE DROIT ET DE JURISPRUDENCE
ARTHUR ROUSSEAU, ÉDITEUR
14, RUE SOUFFLOT ET RUE TOULLIER, 13

1881

DROIT ROMAIN

DE

L'ADMINISTRATION DU TUTEUR

INTRODUCTION

L'enfant, dès son entrée dans la vie, constitue une personne juridique, c'est-à-dire un être capable de devenir le sujet actif ou passif d'un droit. Mais de tous les êtres vivants, l'être humain est celui qui reste le plus longtemps incapable de subvenir par lui-même à ses besoins, dans l'ordre moral comme dans l'ordre matériel. Pendant plusieurs années, il ne peut se défendre, se gouverner lui-même, conserver et protéger les droits qu'il peut acquérir. Sa personne juridique comme sa personne physique réclame un protecteur et un gardien.

Nulle situation n'appelle plus puissamment, par l'intérêt qu'elle inspire, l'appui et la sollicitude de la puissance publique : c'est ce qu'ont compris tous les législateurs depuis les âges les plus reculés. Sans doute, à côté de l'enfant, la nature a placé un administrateur né de sa for-

tune : c'est celui qui lui a donné le jour. Il est son protecteur le plus sûr, parce qu'il est son ami le plus tendre.
Mais ce tuteur naturel peut manquer : la mission du législateur est de le suppléer.

Déjà dans l'*Inde védique,* des mesures sont prises pour
la protection des mineurs de seize ans : les *lois de Manou*
nous apprennent que « les biens par héritage d'un enfant
» sans protecteur doivent rester sous la garde du roi
» jusqu'à ce qu'il ait terminé ses études ou soit sorti de
» l'enfance, c'est-à-dire jusqu'à sa seizième année (1). »
Sans suivre l'application de cette idée dans les diverses
législations de l'antiquité, nous arrivons tout de suite aux
dispositions de la loi romaine sur ce point, dispositions
que nous nous proposons d'étudier.

A Rome cette nécessité de protection est sanctionnée
par deux institutions civiles : la tutelle et la curatelle.
Mais il ne faudrait pas croire que cette idée fondamentale
de protection qui semble avoir présidé aux termes mêmes
qui servent à désigner l'institution *(tutor,* de *tuitor, tueri),*
ait été la considération prédominante qui ait guidé les
premiers législateurs de Rome. Ce qu'ils se proposaient
avant tout, c'était le maintien des familles agnatiques, à la
conservation desquelles ils croyaient attaché le sort de
l'État : c'est pour cela que les biens du pupille sont
sous la garde et l'administration de ses *agnats,* ses
héritiers présomptifs, intéressés par là à leur bonne
gestion.

Primitivement la tutelle était organisée plutôt dans l'intérêt des protecteurs que dans celui du protégé. Aussi ce
ne sont pas seulement les impubères qui sont en tutelle :
ce sont encore les femmes, de quelque âge qu'elles fus-

____

(1) *Lois de Manou,* traduites par M. Loiseleur, liv. VII, n° 27.

sent (1). Du reste grâce à la sagesse des mœurs à cette époque, les mineurs trouvèrent dans cette législation, quelque répréhensible que fût sa base, la protection la la plus efficace. Montesquieu nous dit, dans son *Esprit des lois* (2), que les mœurs sur ce point étaient admirables et *Aulu-Gelle* dans ses *Nuits attiques* (3) nous apprend que les Romains mirent les devoirs envers les pupilles en tête des devoirs privés et à côté de ceux que nous avons envers nos ascendants.

Plus tard les mœurs se corrompent : mais à ce changement de mœurs correspond un changement de législation. La conception fausse qui avait présidé à l'organisation de notre institution fut abandonnée : les règles de la tutelle furent déterminées, comme elles devaient l'être, par l'intérêt du pupille.

Dans le droit de Justinien, nous trouvons encore la tutelle et la curatelle. La tutelle n'a plus lieu que pour les impubères *sui juris* (4). Quant à la curatelle, elle s'applique principalement aux fous, aux prodigues, aux mineurs de vingt-cinq ans et dans quelques cas exceptionnels aux pupilles eux-mêmes.

Une étude complète de la tutelle exigerait le développement de trois points principaux. Il faudrait examiner d'abord à qui cette charge est déférée : c'est la délation de la tutelle ; il faudrait voir ensuite d'après quelles règles les personnes ainsi désignées remplissent leur mission : c'est le fonctionnement de la tutelle ; enfin nous devrions

---

(1) Gaïus (C. 1 §§ 189 et 190) établit l'antithèse entre la tutelle des femmes qu'aucune bonne raison ne justifie et celle des impubères qui est fondée sur une nécessité.

(2) *Esprit des lois.* liv. XIX. Chap. XXIV.

(3) *Aulu-Gelle*, V., 13.

(4) A l'époque de Justinien l'impuberté dure jusqu'à douze ans pour les femmes, jusqu'à quatorze ans pour les hommes.

étudier les causes qui mettent fin à la tutelle, c'est-à-dire son extinction. De ces trois parties de l'institution, la seconde est certainement la plus intéressante au point de vue juridique, la plus utile à connaître au point de vue pratique : c'est dans cette seconde partie que nous avons puisé le sujet de notre travail.

Quelles sont les fonctions du tuteur romain ? Sa mission se réfère uniquement au patrimoine du mineur : contrairement au tuteur français, le tuteur romain n'a pas dans ses attributions le gouvernement de la personne du pupille (1). Conserver, augmenter, si c'est possible la fortune du pupille, telle est l'obligation générale du tuteur. Pour la sauvegarde de ses intérêts pécuniaires, il faut accomplir des actes juridiques. Ces actes qui les accomplira ? En droit français le tuteur agit dans tous les cas tout seul comme un mandataire général : le pupille, lui, reste complètement étranger à la gestion de ses intérêts. Il en est autrement en droit romain et l'on a dit avec raison (2) que c'est là le côté le plus original de la tutelle romaine. Le tuteur romain, suivant les cas, agit lui-même, ou fait agir le pupille : *Negotia gerit aut auctoritatem interponit* (Ulp. xi, § 25).

Ce sont là deux fonctions distinctes qui se séparent par des différences importantes que nous aurons l'occasion de signaler dans le courant de ce travail. Ce qui caractérise surtout la législation romaine c'est ce mode d'intervention du tuteur dans les affaires du pupille au moyen de l'*auctoritas*. *Auctoritatem interponere*, c'est de la part du tuteur compléter par sa présence et par des paroles solennelles, au moins à l'époque classique, la capacité du mi-

---

(1) C'est le magistrat qui désigne la personne chargée de l'éducation morale et de la garde matérielle du pupille (Ubi pup. ed. XXVII-2).

(2) Accarias. *Précis de droit romain*

neur dans les actes que fait ce dernier. C'est dans ce sens qu'il faut entendre le brocard : *personæ tutor datur*.

La seconde fonction du tuteur, celle de *negotiorum gestor*, le rapproche au contraire de notre tuteur français. Ici le pupille reste complètement étranger à l'opération qui est accomplie par le tuteur tout seul. C'est dans cette hypothèse que le tuteur agit véritablement en qualité d'administrateur. C'est uniquement de cette seconde fonction du tuteur que nous avons à nous occuper. Nous avons à voir d'abord dans quels cas le tuteur agit réellement en qualité d'administrateur.

En second lieu nous étudierons les limitations apportées par la loi romaine à ses pouvoirs d'administration.

Dans une troisième partie, nous traiterons des effets des actes accomplis par le tuteur en sa qualité d'administrateur.

Enfin nous nous occuperons des garanties exigées de lui pour sûreté de sa gestion.

C'est dans cet ordre et d'après cette division que nous allons étudier l'administration du tuteur.

CHAPITRE PREMIER.

Des deux manières dont s'exerce l'action tutélaire, c'est, avons nous dit, celle qui se manifeste par voie de *gestio*, c'est-à-dire par l'intervention unique et directe du tuteur, qui doit faire l'objet de notre étude. Dans quelles circonstances le tuteur joue-t-il le rôle d'administrateur? Telle est la question que nous avons d'abord à résoudre.

En principe le tuteur est libre d'employer pour la sauvegarde des intérêts du mineur, celui des deux procédés, mis à sa disposition, qu'il lui plaît de choisir. Mais il faut apporter à cette règle générale deux exceptions en sens contraire.

Dans certains cas l'intervention personnelle du pupille est impossible ; le tuteur doit forcément agir lui-même et agir seul : dans ces hypothèses les actes intéressant les droits patrimoniaux de l'impubère ne peuvent être accomplis que par voie de *gestio*.

Certains actes, au contraire, ne peuvent être faits par un représentant ; ils exigent nécessairement la présence et l'intervention de celui qu'ils intéressent : pour ceux-là la voie de l'*auctoritas* est seule ouverte.

L'examen de ces deux exceptions va nous servir à déterminer exactement le champ d'application de la *tutelæ ges-*

tio : nous saurons alors dans quels cas le procédé de la
gestio est indispensable, dans quels cas il est impossible,
dans quels cas enfin il est facultatif.

§ I. — Cas dans lesquels le tuteur doit nécessaire-
ment agir par voie de GESTIO.

La nécessité pour le tuteur de faire, en nom propre,
les opérations exigées par l'intérêt du pupille peut tenir à
une raison de fait, ou à une raison de droit. La raison de
fait, c'est l'absence du pupille ; la raison de droit, c'est
son *infantia.* Dans ces deux cas, le moyen de l'*auctoritas*
ne peut être employé : voyons les motifs de cette règle.

1° *Le pupille est absent.* L'obstacle qui empêche l'*aucto-*
ritas tient à la nature et aux conditions spéciales de cet
acte. Pour l'intelligence de ce motif, il faut se rappeler
que le tuteur *auctor* est chargé de parfaire une capacité
qui n'est pas entière : donc le consentement du pupille et
l'adhésion solennelle du tuteur doivent avoir lieu simul-
tanément : ce sont, pour ainsi dire, deux moitiés d'un
même tout qui ne peuvent être séparées. L'*auctoritas* ne
doit pas être confondue avec une autorisation ou une ratification : elle devait intervenir *in ipso negotio.* Donnée,
dans d'autres conditions, elle était de nul effet. « *Nulla*
differentia est, non interveniat auctoritas tutoris, an per-
peram adhibeatur. » (L. 2. De auct. et const. tut.
XXVI, 8) (1).

Nous devons signaler cependant l'opinion de quelques
interprètes du droit romain qui soutiennent que, pour certains actes, ceux pour lesquels le tuteur peut, à son gré,
autoriser ou agir seul, l'*auctoritas* aurait pu intervenir

____

(1) Voir aussi Loi 9, § 5, au même titre, et le § 2 des Institutes de Justinien. Liv. I, Tit. 21.

après coup. Cette doctrine nous semble condamnée à la fois par la nature de l'*auctoritas* qui était un acte solennel et par un texte formel de Gaïus, la loi 7, pr. *Quib. mod. pign.* XX, 6.

Nous concluons donc qu'en cas d'absence du pupille, le tuteur n'a d'autre moyen que de faire lui-même, quand il le peut, les actes juridiques qui ont trait à la fortune du mineur. Dans cette hypothèse, il agit nécessairement en qualité d'administrateur.

2° *Le pupille est infans.* — « L'enfant existe longtemps avant de savoir vivre (1). » Pendant cette première période de son existence, il est incapable d'avoir une volonté, incapable de comprendre, d'une manière même imparfaite, les actes qu'il pourrait faire : les textes le rapprochent de l'insensé (Inst. § 10, liv. III, tit. 19). L'incapacité de l'*infans* étant radicale, il ne saurait être question pour le tuteur de la compléter : on ne complète pas le néant. Il faut donc suppléer tout à fait le mineur dans l'administration de sa fortune : le tuteur ne peut agir dans cette hypothèse que comme un mandataire légal.

S'il est facile de donner la raison de l'impossibilité de l'*auctoritas* dans le cas qui nous occupe, il n'est pas aussi aisé de déterminer exactement la durée de cette période, pendant laquelle le pupille est considéré comme absolument incapable et ne peut faire, même avec l'*auctoritas* de son tuteur, aucun acte juridique. En d'autres termes, qu'est-ce au juste que l'*infantia ?* La question est controversée et on peut dire d'elle :

> Grammatici certant et adhuc sub judice lis est.

Examinons cette difficulté qui a donné lieu à deux systèmes opposés, présentant l'un et l'autre des arguments sérieux.

(1) Portalis, *Disc. prél.* Locré, Tome 1.

1er *Système.* — A l'époque classique, l'*infans* était celui qui ne pouvait parler, qui ne pouvait matériellement prononcer les paroles de la stipulation. C'est celui-là seulement qui ne pouvait agir, *tutore auctore.* Quant à celui qui avait l'usage de la parole, alors même qu'il n'avait pas encore l'intelligence des mots qu'il prononçait, qu'il était encore *infantiæ proximus*, on avait admis par suite d'une *benignior interpretatio*, qu'il pouvait prendre part à toutes les opérations juridiques, sauf la nécessité de l'*auctoritas tutoris.*

Tel est, d'après cette théorie, le droit de l'époque classique sur notre question.

Cette opinion s'appuie sur le sens étymologique des mots *infans, infantia* (de *in* privatif, et *fari*, parler). Sans nier l'origine de ces mots qui nous paraît incontestable, nous ne croyons pas que l'argument qu'on en tire soit bien probant. Le mot *fari* est souvent employé en effet par les auteurs latins non pas comme impliquant seulement la possibilité d'articuler des sons, mais encore la faculté de tenir un discours un peu suivi (1).

Le système, que nous exposons, invoque également quelques textes en sa faveur. C'est d'abord un passage de Théophile (§ 10. *De inut. stip.* liv. 3, tit. 19), qui appelle *infantes* les enfants à la mamelle ou un peu plus âgés, et *infantiæ proximi* ceux qui commencent à parler distinctement. Ce passage perd malheureusement beaucoup de sa valeur, si on remarque que cet auteur veut indiquer le droit de son époque : or, de son temps, cela est certain,

<hr>

(1) Le témoignage de Quintilien peut-être invoqué en ce sens. Répondant à ceux qui pensent qu'on ne doit pas occuper de l'étude des lettres ceux qui sont *minores septem annis* cet auteur s'exprime ainsi : « *Cur hoc, quantulumcumque est ad septem annos, lucrum fastidiamus ? Hoc pro singulos annos prorogatum, in summam proficit, et quantum in infantiâ præsumptum est temporis adolescentiæ adquiritur.* » (*Inst. orat.*, I, 1.)

la question n'était plus douteuse, *l'infantia* avait une durée préfixe de sept années Cela résulte de deux constitutions, que nous citerons plus loin et qui tranchent définitivement la question pour l'avenir. L'interprète se voit donc obligé d'accuser l'auteur de la paraphrase des Institutes d'erreur ou d'inadvertance.

On invoque encore d'autres lois qui sembleraient bien indiquer que l'incapacité absolue du pupille cesse dès qu'il peut prononcer des paroles. En voici une qui paraît bien formelle : « *In negotiis contrahendis alia causa habita est furiosorum alia eorum qui fari possunt, quamvis actum rei non intelligerent. Nam furiosus nullum negotium contrahere potest, pupillus ommia, tutore auctore, agere potest.* » (L. 5 Dig. *De div. reg. jur.* L. 17). Ce fragment de Paul semble bien décisif en faveur du premier système ; tandis que l'insensé ne peut être partie dans aucun contrat, le pupille qui peut parler, alors même qu'il ne comprend pas le sens de l'acte qu'il fait, peut l'accomplir avec le concours du tuteur. *L'infans* serait donc celui qui ne peut parler.

On cite encore dans le même sens la loi 1 § 13 D. *De oblig. et art.* (XLIV, 7) d'où il résulte que celui qui peut parler, alors même qu'il ne comprend pas ce qu'il dit, peut valablement promettre et stipuler. — Enfin on a encore tiré argument d'un texte dont le second système se prévaut à son tour et que nous aurons à expliquer : c'est la loi 1 § 2 D. *De admin et peric. tutorum* (XXVI, 7).

Les partisans de cette opinion font encore remarquer que leur système est seul conciliable avec les nécessités pratiques dans un droit où certains actes très importants, comme nous le verrons tout à l'heure, par exemple l'adition d'hérédité, n'admettent pas la possibilité d'un représentant. Comment concevoir, disent-ils, qu'il fallut attendre quelquefois sept années pour accomplir les actes de cette espèce ? Mais cette difficulté n'arrête pas les partisans du second système, car des textes nous apprennent que par exception, le pupille *infans* pouvait faire adition d'hérédité *cum auctoritate tutoris*. Du reste nous reviendrons sur ce point dans la section suivante.

Tel est le premier système : le second, plus généralement adopté, nous paraît en effet appuyé sur des dispositions plus probantes. Ce second système soutient, au contraire, que, même à l'époque classique, *l'infantia* avait pour tous les pupilles une durée préfixe, une durée de sept ans : c'est l'opinion enseignée par MM. Mayns (I § 99), Demangeat (II, p. 227), Marchelard (Oblig. natur. p. 508, note), Vernet (Théorie des oblig., p. 172), Accarias (I, 154), etc.

Examinons maintenant les principaux textes sur lesquels se fonde cette seconde opinion.

Nous trouvons en premier lieu la loi 1, § 2. *De adm. et per tut.* Ce texte s'exprime ainsi : « *Sufficit tutoribus*
» *ad plenam defensionem, sive ipsi judicium suscipiant,*
» *sive pupillus ipsis auctoribus : nec congendi sunt tutores*
» *cavere, ut defensores solent; licentia igitur erit utrum*
» *malint ipsi suscipere judicium an pupillum exhibere,*
» *ut ipsis auctoribus judicium suscipiatur : ita tamen,*
» *ut pro his qui fari non possunt vel absint, ipsi tutores*
» *judicium suscipiant : pro his autum qui supra septi-*
» *mum annum ætatis sunt, et præsto fuerint, auctorita-*
» *tem præstent.* »

Le jurisconsulte suppose que le pupille a un procès a soutenir et il déclare que le tuteur est libre de le représenter en justice ou bien de le faire comparaître, en l'assistant de son *auctoritas*. Il ajoute que si le pupille est absent ou *infans*, le tuteur devra plaider lui-même. Jusquelà pas de difficulté : tout le monde est d'accord. Mais que

signifient les derniers mots de ce fragment d'Ulpien ?
C'est ici que les partisans des deux opinions se séparent,
et suivant qu'on traduit ce dernier membre de phrase, on
invoque le texte dans un sens ou dans l'autre.

Les auteurs qui soutiennent la première opinion, et
entre autres M. Du Caurroy, donnent l'interprétation suivante : « Mais si le pupille a atteint la septième année et
est présent, le tuteur devra nécessairement l'autoriser. »
Partant de là, ces auteurs raisonnent ainsi : tant que le pupille est *infans*, le tuteur doit lier lui-même l'instance. —
Quand le pupuille a sept ans, le tuteur ne peut plus le
représenter : il doit agir par la voie de l'*auctoritas*. C'est
donc dans la période qui sépare l'âge de sept ans de l'*infantia* que le tuteur a le choix entre les deux partis que
lui reconnaît ce texte. C'est donc que l'*infantia* cessait
avant l'âge de sept ans.

Mais les partisans du second système traduisent autrement la fin de ce texte. Ils traduisent ainsi : Le tuteur a
le choix entre ces deux partis « pourvu qu'il ne fasse
plaider le pupille avec son autorisation que s'il est présent et âgé de plus de sept ans ».

Nous préférons cette seconde manière de comprendre
ce texte : d'abord elle est plus conforme aux règles de la
tutelle. En principe, en effet, le tuteur peut à son choix
agir lui-même ou faire agir le pupille et rien n'indique
qu'il y ait ici une dérogation à cette règle. En second lieu,
Ulpien, dans la suite du même texte, supposant que c'est
un mineur en curatelle qui a un procès à soutenir, déclare
que l'instance peut être liée par le mineur lui-même, assisté de son curateur, ou par le curateur seul. Est-il possible d'admettre, comme le fait remarquer M. Demangeat,
que le pupille majeur de sept ans ne puisse plus être représenté par son tuteur, sauf le cas d'absence, tandis que

d'autre part le pubère mineur de vingt-cinq ans, même en dehors du cas d'absence, peut encore être représenté par son curateur? Donc en réalité le jurisconsulte ne distingue que deux classes de pupilles : les *infantes*, et ceux qui sont *supra septimum annum œtatis*.

Pour les premiers, le tuteur doit agir lui-même ; pour les seconds il a le choix entre les deux procédés. Donc on entend par *infantes* tous ceux qui sont au-dessous de sept ans.

La loi 14 *De spons.* (XXIII, 1) fournit encore un argument à la thèse que nous soutenons. Le jurisconsulte Modestin nous apprend que les fiançailles peuvent être contractées dès l'âge le plus tendre et déclare cependant qu'elles ne sont pas possibles entre personnes ayant moins de sept ans. Pourquoi? C'est qu'elles se faisaient au moyen de la stipulation. Or l'*infans* ne peut stipuler : c'est donc que l'*infantia* se prolongeait jusqu'à l'âge de sept ans.

Un texte plus probant encore en faveur du second système, c'est la loi 70 *De verb. oblig.* (XLV, 1). Il s'agit là d'un enfant qui a matériellement prononcé les paroles de la stipulation : néanmoins le jurisconsulte déclare que l'action *ex stipulatu* ne naît pas à son profit. Pourquoi? « *Quoniam qui fari non poterat, stipulari non poterat.* »

Il résulte clairement de ce motif de la loi que, dans la langue du droit, le mot *fari* ne désignait pas seulement la possibilité de parler, mais celle de parler avec une certaine intelligence. Cette intelligence, l'enfant n'était présumé l'avoir qu'à l'âge de sept ans.

Nous concluons donc que l'*infantia* durait jusqu'à l'âge de sept ans. Cela ne résulte pas seulement des textes que nous avons analysés : cette conclusion s'induit également de nombreux passages d'auteurs littéraires que nous avons déjà cités, en essayant de réfuter le premier système.

Nous pouvons encore ajouter à ces autorités celle de Macrobe (Songe de Scipion, 1, 5) qui dit expressément : « *eodem anno id est septimo, plenè absolvitur integritas loquendi.* »

Enfin nous ne trouverons pas étonnant que les Romains eussent ainsi donné à l'*infantia* une durée invariable de sept ans, si nous rappelons la théorie de certains philosophes anciens d'après laquelle de sept ans en sept ans il s'opérait dans l'homme une transformation physique et morale. Rien de surprenant que les juristes, s'inspirant de cette doctrine, aient fixé à une durée de sept ans la période pendant laquelle le pupille est absolument incapable de faire par lui-même les actes qui intéressent son patrimoine.

Maintenant la question n'est plus douteuse pour l'époque postérieure à deux constitutions impériales sur lesquelles quelques mots d'explication sont nécessaires. La première nous est connue par le Code théodosien (Liv. 8. *De bon. mat.*, VIII-8). Elle est de 406 et appartient aux empereurs Arcadius, Honorius et Théodose.

La seconde se trouve au Code de Justinien (Liv. 18. *De jur. delib.* VI, 30). Elle est de 427 et appartient aux empereurs Théodose et Valentinien.

Ces deux constitutions sont venues remédier à un inconvénient qui résultait de l'*infantia* : pendant cette période, le pupille ne pouvait faire *adition d'hérédité*.

C'était là une conséquence fâcheuse, car le tuteur ne pouvait ici remplacer le pupille. Aussi la jurisprudence s'était-elle ingéniée à apporter un remède à cette situation. Les Empereurs font un pas de plus, et, rompant avec les subtilités du droit classique, ils décident que pendant l'*infantia*, c'est-à-dire tant que le pupille est âgé de moins de sept ans, le tuteur pourra faire adition d'hérédité en son nom, à titre d'administrateur.

Ainsi tant que le pupille est *infans*, c'est-à-dire tant qu'il n'a pas atteint l'âge de sept ans, le tuteur doit agir pour lui : il doit agir en qualité de *negotiorum gestor*. Tel est le second cas que nous avions à examiner et nous avons ainsi vu notre première exception au principe que le tuteur a le choix entre deux procédés pour remplir la mission qui lui est confiée, pour sauvegarder les intérêts du pupille : passons maintenant à la seconde exception.

§ 2. — Cas dans lesquels le tuteur ne peut agir en qualité d'administrateur.

Certains actes ne pouvaient être conclus que par celui qu'ils intéressaient directement. Cela tenait à leur nature ou à la solennité de leurs formes : pour ces actes la voie de la *gestio* est fermée au tuteur ; il faut nécessairement faire intervenir le pupille qui agira lui-même, *tutore auctore* (L. 19. De auct. et const. tut. XXVI, 8). Quels sont ces actes ? Nous allons indiquer les plus importants et les plus usuels.

1° *Acceptation ou répudiation d'une hérédité.* Une succession échoit au pupille : nous supposons qu'il est héritier externe. On sait que, dans ces conditions, l'héritier du droit romain n'était pas, comme dans notre droit moderne, investi légalement de la succession. Il devait faire *adition*. A l'époque classique l'adition se faisait de trois manières : *cretione, nuda voluntate, pro herede gerundo.*

Quel que fût le procédé employé, le tuteur ne pouvait faire adition au nom du pupille : c'était un acte qui exigeait une manifestation de volonté de l'institué lui-même.

Pour la *cretio*, pas de difficulté : la solennité des paroles qui devaient être prononcées explique suffisamment la nécessité de l'intervention personnelle du pupille. Il en était de même quand l'acceptation se faisait au moyen d'une déclaration verbale ou par des actes qui impliquaient acceptation. Cette règle du droit romain tenait à deux causes : d'abord au principe de la non-représentation et puis à cette idée que pour accepter une hérédité, il fallait y être appelé, avoir une vocation personnelle.

Par suite du premier motif le tuteur ne pouvait, par son fait, faire passer la succession sur la tête de son pupille : nous verrons plus loin en effet que les actes faits par le tuteur ont des effets limités à sa personne.

En second lieu, le tuteur ne pouvait acquérir l'hérédité pour lui, sauf à la retransférer plus tard au pupille.

Pour pouvoir dire : *je consens à être héritier*, il fallait nécessairement être appelé à la succession. Les Romains considéraient comme un non-sens une déclaration pareille faite par le tuteur qui, lui, n'avait aucun titre à l'hérédité.

Donc c'est nécessairement le pupille qui devait faire adition lui-même *cum auctoritate tutoris*.

Mais nous avons vu que le pupille *infans* était absolument incapable et que pour lui il ne saurait être question d'*auctoritas tutoris*. Va-t-on attendre que l'enfant ait atteint l'âge de sept ans? Cette situation présentait de graves inconvénients. D'abord une vacance aussi longue peut être préjudiciable à des tiers, aux créanciers de la succession. De plus, le pupille peut mourir *infans* et, dans ce cas, ses propres héritiers n'auront aucun droit à cette succession : *hereditas non adita non transmittitur*.

Les prudents s'ingénièrent à remédier à cette situation fâcheuse. On eut d'abord recours à un expédient : on admit, par dérogation au droit commun, que, dès que le pupille pourrait articuler des paroles, il pourrait faire adition, *tutore auctore*. C'est ce que nous apprend le jurisconsulte Paul (L. 9. D. *De acq. vel. omit. hered.*).

Un autre moyen était offert au testateur : au lieu d'instituer le pupille, il désignait pour son héritier un esclave du mineur. L'esclave était pour son maître un instrument d'acquisition (Inst. § 3. II, 9). Il pouvait faire addition *jussu tutoris* et, d'après les règles du droit, la succession passait sur la tête du pupille (L. 50. D. *De acq. vel. omit. hered.*).

De plus, à côté des successions déférées par le droit civil, il y avait les successions prétoriennes, les *bonorum possessiones*.

Pour celles-là, Ulpien nous apprend que le tuteur était admis à les demander pour son pupille (L. 7. § 1. De bon. poss. XXXVII, 1).

Enfin le dernier pas dans cette voie fut fait au Bas-Empire : des constitutions impériales de 407 et 426 admirent, par une dérogation fort importante, que le tuteur pouvait faire adition pour son pupille, tant que celui-ci n'avait pas dépassé l'*infantia* (L. 18. C. *De jur. delib.* VI, 30).

Quant à la *répudiation*, le tuteur ne fut jamais admis à la faire au nom du pupille. Mais le tuteur pouvait-il au moins répudier, en sa qualité d'administrateur, un *bonorum possessio* ? On pourrait invoquer en ce sens le texte suivant :

« *Si ad pupillum bonorum possessio pertineat expediendarum rerum gratia, et in agnoscenda et in repudianda bonorum possessione voluntatem tutoris spectari debere, placuit.* » (L. II. *De auct. et cons. tut.* XXVI, 8).

Si nous n'avions que ce texte, nous pourrions croire que c'était toujours au tuteur et au tuteur seul à se prononcer sur l'acceptation ou la répudiation. Mais nous avons des dispositions formelles en sens contraire. « *Tutor bonorum possessionem pupillo competentem repudiare non potest : quia tutori petere permissum est, non etiam repudiare.* »(L. 8. *De bon. poss.* XXXVII, 1). Ce fragment de Paul, est, on le voit, on ne peut plus clair. Il en est de même du § 4 de la loi 1 *De succ. edict* (XXXVIII, 9) qui appartient à Ulpien. Force nous est donc de donner un autre sens au passage de Gaius : Ce jurisconsulte a voulu dire sans doute que le pupille ne pourrait répudier la succession tout seul, qu'il lui faudrait l'autorisation de son tuteur.

Ainsi donc le tuteur ne peut jamais répudier en sa qualité d'administrateur, une succession échue au pupille. Toutefois, quand l'impubère est héritier sien et nécessaire, on permet au tuteur de lui assurer le bénéfice d'abstention, (L. 4. C. *Arb. tut.* V, 51).

2° *Les actions de la loi.* On désigne par là le premier système de procédure judiciaire des Romains, système qui a duré jusqu'à la loi Æbutia, au VIIe siècle de Rome. Ce qui caractérise ce système, ce sont des rites, des symboles, des paroles solennelles, où tout est rigoureusement réglé à l'avance. On comprend que dans cette espèce de cérémonie, où chaque geste, chaque mot était exactement déterminé, l'intéressé dût comparaître en personne. *Nemo alieno nomine lege agere potest* : C'était là une règle générale sous le système des actions de la loi (Gaïus, C. IV § 82 — L. 123. D. *De div. reg. juris.* L. 17) — Par conséquent à cette époque, quand le pupille avait un procès à soutenir, le tuteur ne pouvait plaider pour lui : c'est le pupille en personne qui devait figurer dans la cérémonie, avec l'autorisation de son tuteur.

Mais *quid juris* si le pupille était *infans ?* C'est là peut-être que trouvait place l'exception à la règle de la non-représentation que nous signalent les Instituts. (Inst. pr. *De iis per quos agere possumus.* IV, 10).

Ce texte nous apprend qu'on dérogeait à la règle : *Nemo alieno nomine agere potest* dans trois cas : *(a) pro populo, (b) pro libertate, (c) pro tutela.*

Gaius dans le texte correspondant de ses Commentaires (C. IV § 82) n'indique que les deux premières exceptions : Il ne signale pas la dérogation *pro tutela.*

Cette comparaison entre Gaius et Justinien a conduit des auteurs à penser que les Instituts faisaient ici une erreur, et qu'une pareille exception, trop contraire au système des *legis actiones*, n'existait pas réellement.

D'autres interprètes du droit romain ont donné de cette dérogation une application différente : Zimmern pense qu'il s'agit là du cas où un tuteur prétorien remplace le tuteur ordinaire. Théophile donne de ces mots une explication curieuse, mais inadmissible. Il rapporte ces mots au cas où deux personnes se disputent en justice la tutelle, car, en fin de compte, dit-il, après le procès, il devient manifeste que celui qui a succombé a agi *alieno nomine* puisque, en fait, il n'est plus tuteur.

Pour nous, bien que l'absence de documents ne permette guère que des conjectures, nous pensons que ces mots visent le cas où le pupille ne pouvait comparaître lui-même, à raison de son absence, ou de son *infantia*. — En effet les Romains avaient fait fléchir le principe dans tous les cas où il y avait impossibilité pour l'intéressé de se présenter lui-même ; c'est ce motif qui explique l'exception *pro populo*, l'exception *pro libertate* et qui doit nous servir aussi, je crois, à expliquer l'exception *pro tutela*. (1). Ainsi en cas d'absence, en cas *d'infantia*, le tuteur pouvait intervenir au nom de son pupille.

(1) Dans ce sens Keller, Des actions § 54. Note 541 et Didier. Pailhé, Cours de droit romain, n°, 714.

Quoi qu'il en soit, quand le système formulaire eut remplacé le système des actions de la loi, rien ne s'opposa plus à la représentation du pupille par son tuteur. Désormais pour les procès, comme pour les autres affaires, le tuteur eut le choix entre les deux manières de procéder : il pouvait, ou agir par lui-même, en laissant de côté le pupille, ou bien faire plaider le pupille lui-même, en interposant son *auctoritas*. « Dès lors, comme dit M. Accarias, demander ou défendre sont des actes qui rentrent dans la compétence du tuteur agissant comme administrateur. » Quant aux effets de cette représentation, nous les indiquerons quand nous étudierons plus loin les conséquences des actes faits par le tuteur (L. 2. D. *De adm. et per. tut.* XXVI, 7).

3° *Actes juridiques empruntant les formes de la* legis actio. — Le système de procédure des actions de la loi cessa d'être en vigueur vers la fin de la République ; mais il laissa des traces dans quelques actes juridiques qui se faisaient sous la forme d'un procès fictif. Nous pouvons citer l'*in jure cessio* qui empruntait la forme du *sacramentum* (Gaïus, C. II § 24), la *mancipation*, qui, à raison de sa solennité, exigeait la présence de l'acquéreur et de l'aliénateur (Gaïus, C. 1, §§ 119 et 121) ; la *manumissio vindicta*, qui est une fiction de la *liberalis causa* (Gaïus, C. 1, § 17).

Pour ces actes, comme pour la *legis actio*, dont ils présentaient l'image, le tuteur ne pouvait remplacer le pupille : c'est ce dernier qui devait y figurer lui-même.

Est-ce à dire que le même résultat ne peut être atteint par l'action directe du tuteur ? On pouvait, dans la plupart des cas, arriver au même but par d'autres procédés qu'avaient fait trouver les nécessités de la pratique. S'agissait-il, par exemple, d'aliéner un bien du mineur : on pouvait suppléer à la *mancipation* et à l'*in jure cessio* par la tradition et l'usucapion combinées (L. 16. C. *De adm. tut,* V, 37).

Mais la difficulté était insurmontable pendant longtemps pour le transfert des servitudes et autres droits incorporels qui n'étaient pas susceptibles de tradition.

Sous Justinien, plus de *mancipation*, plus d'*in jure cessio* : la tradition est le mode normal d'aliénation. Quant aux droits incorporels, on a admis pour eux la quasi-tradition. A cette époque rien ne gêne plus l'intervention directe du tuteur.

4° *Stipulation et acceptilation.* — Il s'agit de créer ou d'éteindre *verbis* une obligation. Ces deux actes consistent dans une interrogation et une réponse concordantes. Peuvent la faire les personnes seules que le contrat intéresse. Le tuteur ne peut donc parler au nom de son pupille. *Nemo alienum factum promittere potest* (L. 38 pr. *De verb. obl.* XLV, 1). *Nemo alteri stipulari potest* (L. 38, § 17, *eod tit.*).

Mais rien n'empêchait le tuteur de faire la stipulation pour son propre compte, sauf à en faire passer plus tard les effets sur la tête de son pupille.

Quant à l'*acceptilation*, le tuteur pouvait arriver à un résultat presque équivalent par le *pacte de non petendo* (L. 28, § 2, *De pact.* II, 14). Le tuteur pouvait encore, au moyen d'une novation, se substituer au pupille et faire ensuite l'acceptilation (L. 13, § 10. *De accept.* XLVI, 4).

5° *Adrogation.* — L'adrogation des impubères fut longtemps interdite. D'abord la forme de cet acte, qui sous la République, se faisait devant les comices par curies, rendait impossible l'adrogation des impubères à qui ces assemblées populaires étaient inaccessibles. De plus on ne voulait pas reconnaître au tuteur le pouvoir exorbitant de mettre fin à sa charge en rendant son pupille *alieni juris*. On sait qu'Antonin le Pieux, dans un rescrit adressé au Collège des Pontifes, autorisa cette adrogation des impubères, en la soumettant toutefois à des conditions spéciales (Gaïus, C. 1, § 102).

Mais jamais, l'adrogation du pupille ne rentra dans les pouvoirs d'administration du tuteur : en effet il s'agissait ici en quelque sorte de disposer de la personne du mineur et on comprend qu'on refusât au tuteur un pouvoir aussi important : c'est donc le pupille qui doit se prononcer sur son adrogation : le tuteur ne fait que donner son consentement (L. 5, C. *De auct. præst.* V, 59).

6° Il y a encore deux actes, pour lesquels nous n'avons pas de témoignage bien positif, mais que nous serions assez porté à refuser au tuteur, en tant qu'administrateur : ce sont l'acceptation du *legs d'option* et la nomination d'un *cognitor in rem pupilli*.

Le *legatum optionis* est celui par lequel le testateur donne au légataire le droit de choisir entre plusieurs choses, par exemple, un de ses esclaves. Avant Justinien le legs d'option était considéré comme conditionnel : si le légataire mourait avant d'avoir opté, il ne transmettait rien à ses héritiers (Inst. § 23. *De leg.* II, 20). Il en résulte que ce choix suppose l'exercice d'une faculté personnelle : il est donc probable qu'à cette époque, il fallait que ce fût le pupille personnellement qui se prononçât sur l'objet choisi.

Justinien, par une constitution à laquelle renvoie le texte des Institutes, modifia l'ancien droit sur ce point.

Le legs d'option n'est plus subordonné à l'option personnelle du légataire (L. 3. C. *Communia de leg.* VI, 43).

Dès lors, sans doute, le tuteur put accepter au nom de son pupille.

Quant à la nomination d'un *cognitor in rem pupilli*, ce qui semblerait indiquer qu'elle devait être faite par le pupille lui-même, c'est qu'elle exigeait la prononciation de paroles solennelles (Gaius, C. IV, § 83). Mais d'un autre côté Ulpien nous apprend que ces paroles ne sont pas tellement solennelles qu'on ne puisse rien y changer : d'après ce jurisconsulte, on est ici moins rigoureux que dans les actions de la loi, (Fragm. du Vatican § 318). De là doute : peut-être avait-on admis cette possibilité de constitution pour le cas où le pupille était *infans* ou absent. Cela aurait pu être bien utile à l'époque où l'on pouvait plaider *cognitorio*, mais non encore *procuratorio nomine* (1).

Tels sont les principaux cas dans lequels le tuteur doit forcément recourir à l'intervention du pupille et *præstare auctoritatem*. Vous avons vu, dans la section précédente, les hypothèses où, à l'inverse, il doit nécessairement agir seul. En dehors de ces situations exceptionnelles, le tuteur a le choix entre ces deux modes d'action : aucun ne lui est imposé. Ces actes que le tuteur peut faire seul ou faire faire au pupille, sont donc les plus nombreux : nous n'essayerons pas de les énumérer. Ce sont tous les faits juridiques que nécessite une administration quelconque. Nous avons à indiquer seulement à quelles restrictions fut soumise sur ce point la liberté des tuteurs.

---

(1) Il semble résulter en effet de plusieurs passages de Cicéron, qu'à son époque la représentation par *cognitor* était seule admise. (*Pro Roscio* 18. — *Ad. Herennium*. II, 13).

CHAPITRE II

DES LIMITES POSÉES PAR LA LOI AUX POUVOIRS D'ADMINISTRATION DES TUTEURS.

L'organisation de la tutelle n'eut pas toujours, à Rome, le même fondement : nous l'avons vu dans l'introduction de ce travail. Établie d'abord dans l'intérêt des tuteurs, elle changea de base dans la suite : dans le dernier état du droit, le législateur n'a plus en vue que la fortune du mineur qu'il faut défendre et conserver. A ces deux périodes du droit romain, sur cette matière, correspondent deux législations différentes sur l'étendue des pouvoirs du tuteur. Dans le premier état du droit, c'est surtout pour lui que le tuteur gère et administre : aussi sa liberté est presque absolue.

Dans la seconde phase, c'est l'intérêt du pupille qu'on considère surtout : de là des restrictions, des prohibitions que nous aurons à faire connaître.

1. ANCIEN DROIT. — Dans l'ancien droit, nous pouvons poser à cet égard les deux règles suivantes :

1° Le tuteur n'est pas tenu de prendre la gestion des affaires du pupille : il n'est pas obligé d'administrer (§ 3. Inst. *De Atil. tut.* I, 20).

Cela n'avait pas de grands inconvénients à une époque où les tuteurs, représentant les intérêts de la famille, étaient suffisamment excités, par leur qualité même, à veiller à la conservation d'un patrimoine qui pouvait leur revenir. De plus, d'après les principes alors en vigueur, le tuteur en gérant s'obligeait personnellement et on considérait comme inique d'imposer ainsi au tuteur cette nécessité de s'obliger.

Au contraire, le tuteur était responsable quand il refusait son *auctoritas* alors qu'elle était utile, car le tuteur *auctor* ne s'obligeait pas.

2° Si le tuteur gère, il fait en principe ce que bon lui semble. A cette époque il répond seulement de son dol et de sa faute lourde (L. 20 C. *De neg, gest.* II, 10). Dans ce premier état du droit, les seuls actes défendus au tuteur sont les actes à titre gratuit, c'est-à-dire ceux qui tendent à diminuer sans compensation le patrimoine du pupille.

Toute libéralité, en effet, lui est interdite, sauf les cadeaux usuels que la bienséance exige (L. 22. *De adm. et per. tut.* — L. 4. D. *Ubi pup. éduc. deb.* XXII, 2). Le tuteur ne peut même pas employer les biens de son pupille à constituer une dot à la sœur de celui-ci (L. 12, § 33. D. *De adm. et per. tut*).

Ce ne sont pas seulement les libéralités directes qui sont prohibées : ce sont encore les avantages indirects qu'il pourrait procurer, par voie de transaction, de novation, d'acquiescement à une demande en justice ou à un jugement. Il résulte de divers textes (1) que ces actes ne sont permis au tuteur qu'autant qu'ils sont utiles au pupille et ne servent pas à déguiser une donation. C'est à ce même ordre d'idées qu'il faut rapporter la défense faite au tuteur de déférer le serment à son adversaire, si ce n'est en l'absence complète de preuves (L. 35 pr. *De jurej.* XII, 2).

Enfin le tuteur ne pouvait faire aucun affranchissement, hormis les cas exceptionnels de la loi *Ælia Sentia.*

---

(1) Pour la transaction L. 46 § 7. *De adm. tut.* — Pour la novation L. 22 au même titre. — Enfin, pour l'acquiescement L. 11. C. *De adm. et per.*

Tel est le droit ancien : on voit qu'il faut distinguer entre les actes à titre onéreux, permis au tuteur et les actes à titre gratuit. On voit que cette distinction est loin de répondre à la division de notre droit moderne, entre les actes de disposition et les actes d'administration. La seconde période du droit romain nous présente des règles qui, quoique différentes de notre législation actuelle, s'en rapprochent cependant davantage. C'est ce droit nouveau, tel qu'il se constitua sous l'empire, que nous allons maintenant aborder.

II. — DROIT NOUVEAU. — Sous l'Empire, contrairement à la règle que nous avons posée pour la première époque, le tuteur est tenu d'administrer. « *Gerere atque administrare extra ordinem tutor cogi solet.* »

D'après ce texte, le préteur intervient *extra ordinem,* c'est-à-dire sans donner une action proprement dite pour contraindre le tuteur à gérer. « Le principal moyen de contrainte consistait probablement à envoyer le pupille en possession des biens du tuteur ; peut-être s'y joignait-il quelque peine corporelle (1) ». De plus, si le tuteur ne gère pas, il est responsable du préjudice qui en résulte (L. 1, § 1. *De adm. et per. tut.*). Nous voyons apparaître cette idée nouvelle avec la tutelle déférée par le magistrat.

En second lieu, à partir des Sévère, la liberté des tuteurs fut soumise à de nouvelles restrictions.

Elles ont trait à deux points principaux : 1° à l'aliénation des biens du pupille ; 2° à la réception et à l'emploi de ses deniers. Nous allons examiner successivement ces deux limitations.

____

(1) Accarias. *Précis de Droit romain.* Tome 1. Page 309. Note 1.

§ 1. — Limitations relatives à l'aliénation des biens du pupille.

Les pouvoirs du tuteur, relativement à l'aliénation des biens du mineur, furent d'abord restreints par un sénatus-consulte, rendu sur la proposition des Empereurs Septime Sévère et Caracalla, en l'année 195 de notre ère. Ulpien dans la loi 1 § 2 au Digeste au titre : *De rebus eorum qui sub tutela vel cura sunt, sine decreto non alienandis, vel supponendis* (XXVII, 9), nous rapporte les termes de cette disposition ou plutôt de l'*oratio* qui la précéda. Les règles diverses posées par cet acte législatif nous sont en outre révélées par d'autres textes, soit du Code, soit du Digeste. Il en résulte que les biens du pupille étaient divisés, suivant leur nature et leur importance, en trois catégories.

Dans la première classe on range les biens dont la valeur est durable, qui, malgré le cours du temps, conservent leur prix et qui semblent même devoir chaque jour acquérir une plus-value. Ce sont en outre des biens qui donnent des revenus appréciables. Ce sont les *prædia rustica et suburbana*. Les premiers sont les domaines, les fonds cultivés ; les seconds les domaines de plaisance qui sont aux environs des villes. Ces derniers ne donnent sans doute de grands revenus qu'autant qu'ils sont affermés, mais leur valeur augmente avec l'accroissement de la ville près de laquelle ils sont situés. C'est cette première classe de biens que le tuteur ne peut aliéner sans un décret du magistrat (L. 1. pr. D. *De rebus eorum qui sub tutela....*) La prohibition s'appliquait non seulement aux aliénations directes, mais encore aux aliénations indirectes ; non seulement aux aliénations totales, mais encore aux aliénations partielles, aux constitutions de droits réels.

Ainsi, ce n'est pas la vente seule qui est défendue, c'est encore l'échange, la transaction quand elle porte sur un des biens que nous avons indiqués (L. 4, C. *De prædiis et aliis rebus min....* V, 71). Ulpien nous apprend, qu'il faut interdire au tuteur la constitution d'un usufruit, celle d'un gage ou d'une hypothèque, l'établissement d'une emphytéose sur ces biens dont la vente est prohibée (L. 3, § 5. — L. 8 *De reb. eor. qui sub tut. vel cura....*) Ce fut là une extension de la jurisprudence. On sait, du reste, qu'il était dans l'esprit des jurisconsultes romains, de considérer l'hypothèque comme un acte des plus insidieux et plus dangereux que l'aliénation proprement dite.

Ainsi pour aliéner les biens de cette première catégorie, il faut une autorisation du magistrat, c'est-à-dire un décret du préteur ou du président de la province. Le magistrat ne doit d'ailleurs permettre l'aliénation qu'après une enquête préalable, dans laquelle il est tenu d'entendre les parents du pupille, et il ne doit autoriser ces actes qu'en cas d'utilité absolue ou d'avantage évident. Il faut, par exemple, payer des dettes venues à échéance et les autres ressources du pupille sont insuffisantes pour les acquitter. Il peut s'agir encore d'éteindre des charges, grevées de gros intérêts (L. 12 et L. 18 C. *De præd. vel aliis reb. min...*) (1).

La seconde catégorie de biens, que nous avons à distinguer, comprend les *prædia urbana*. Que faut-il entendre par ces mots, opposés aux *prædia rustica ?* Le sens nous en est indiqué par Ulpien, dans la loi 198 au Digeste, au titre *de verborum significatione.* (L. 16). Il résulte de ce texte qu'une maison est un *prædium urbanum* ou un *præ-*

_____

(1) L'aliénation ne pouvait être autorisée au cas où il eût été utile d'acheter un bien plus fertile, plus avantageux (L. 45, § 14, *De reb. eor...*) Au contraire, art. 457 du Code civil.

dium rusticum plutôt d'après sa destination que d'après sa position. Ce sont les bâtiments, les jardins qui ne sont pas affectés au service du pupille ou au sol en culture qui constituent les *prædia urbana*. — Il faut ajouter à ces immeubles les pierres précieuses : ce sont là des valeurs qui dépérissent avec le temps, des choses improductives : aussi le sénatus-consulte imposait-il au tuteur l'obligation de les vendre. Cela résulte d'une constitution de Constantin qui, comme nous le verrons, établit sur ce point une règle tout à fait coutraire. *(L. 22. C. De adm. tut...)*

Nous avons enfin à ranger dans une troisième catégorie les meubles, animaux ou esclaves attachés à la personne du pupille ou au sol. Pour ces biens là, il peut être utile, suivant les circonstances, de les conserver ou de les vendre. Aussi laisse-t-on à leur égard pleine liberté au tuteur.

Comme nous l'avons annoncé, Constantin compléta les dispositions du sénatus-consulte *(L. 28 C. De adm. tut.)* L'Empereur commence par faire remarquer que la nécessité pour les tuteurs de vendre les meubles précieux du pupille, et il en donne une longue énumération, est souvent plus nuisible à l'intérêt des mineurs qu'elle ne leur est utile. Il déclare donc que ces biens ne pourront être aliénés par le tuteur sans un décret du magistrat. La même règle sera désormais applicable aux *prædia urbana* et aux esclaves.

Constantin n'excepte guère de la prohibition que les vêtements, « *quæ detritæ usu, seu corruptæ servando servari non potuerint* », et les animaux inutiles.

Justinien fit le dernier pas dans cette voie, et étendit l'interdiction aux choses incorporelles, et spécialement aux créances du pupille (L. 28 C. *De adm. tut....*).

Tel est le principe du droit nouveau sur les aliénations des biens pupillaires : en règle générale le tuteur ne peut aliéner, de quelque manière que ce soit, aucun bien du pupille, à moins que le magistrat ne l'y ait autorisé. Celte défense comportait cependant certains tempéraments : faisons-les connaître.

1° Le tuteur peut aliéner seul les biens du pupille quand ce pouvoir lui a été donné par le testament ou par un codicille du père du mineur (L. 1 § 2. *De reb. eorum.*) L'aliénation faite dans ces conditions resterait valable, alors même que plus tard le testament paternel serait reconnu *irritum* (L. 14 *De reb. eor. qui sub...*) On sait en effet que les Romains poussaient très loin le respect de la volonté du père de famille.

2° La défense ne s'applique pas non plus aux aliénations *nécessaires*. Dans ce cas en effet, l'intervention du magistrat serait sans objet, puisqu'il ne pourrait pas refuser son autorisation. Cela s'applique aux hypothèses suivantes :

(*A*) Il s'agit d'un bien donné en gage ou hypothéqué. Il est évident qu'on ne peut enlever au créancier le droit de vendre sur lequel il a compté (L. 1 C. *De præd. et aliis reb. min...*)

(*B*) Un immeuble du pupille se trouve indivis entre lui et un tiers majeur de 25 ans. Ce dernier intente l'action en partage. Il est certain qu'on ne peut enlever à ce copropriétaire le droit de sortir de l'indivision (L. 17 C. *De præd. et aliis reb. min...*) Il résulte de ce même texte que si c'est le mineur qui provoque le partage, l'autorisation du magistrat est nécessaire.

(*C*) Les textes supposent encore que le pupille se trouve obligé en vertu d'un fidéicommis de remettre un de ses biens à une personne. On sait en effet que l'exécution de ces dispositions devint obligatoire pour celui qui en était grevé, à partir d'Auguste ; donc le fidéicommis-

saire peut réclamer la libéralité que lui a été ainsi faite.
Force est bien donc au tuteur d'aliéner le bien sur lequel
porte ce fideïcommis (L. 5 § 4. *De reb. eor. qui sub. tut...*)

3° Enfin le tuteur peut, encore sous Justinien, faire
certaines aliénations qui sont plutôt des actes d'administration que des actes de disposition. C'est ainsi qu'il peut
vendre les fruits des récoltes, faire seul avec le numéraire
du pupille des paiements, bien que cet acte soit une
aliénation (L. 22 § 6 — L. 28 § 5. C. *De adm. tut.*).

Cela nous amène à parler des fonctions du tuteur en ce
qui concerne le maniement des deniers pupillaires, c'est-
à-dire à la seconde restriction apportée par la loi à ses
pouvoirs d'administration.

§ 2. — Limitations relatives à la réception et à l'em-
ploi des deniers du pupille.

I. — Nous avons vu que le tuteur ne pouvait aliéner
les immeubles du pupille : la plupart du temps ces biens
sont donnés à ferme. Qui touchera les loyers ou fermages ?
Cela rentre complètement dans les pouvoirs d'administration du tuteur. Mais sa compétence est-elle absolue en
cette matière ? La fortune du pupille peut encore se com-
poser de créances : le débiteur se libérera-t-il valablement
entre les mains du tuteur?

Pourra-t-il au moins lui payer, sans aucun danger, les
intérêts échus ?

Sur ce point le droit classique reconnaissait au tuteur
les pouvoirs les plus larges (L. 14 § 1. D. *De solutionibus*
XLVI, 3). Le tuteur pouvait valablement faire tous ces re-
couvrements et en donner décharge

C'est Justinien qui a restreint, en cette matière,
les pouvoirs du tuteur. Cette limitation , annoncée

dans les Institutes (§ 2. *Quib. alien, licet vel non* II, 8) se trouve dans une constitution qui se trouve au code, au titre *De administratione tutorum*. C'est la loi 25, complétée par la loi 27.

Il résulte de ces dispositions qu'il faut désormais faire une distinction. S'agit-il de recevoir un capital ou des revenus extraordinaires, le débiteur ne se libère valablement qu'après avoir obtenu, au préalable, une autorisation du magistrat compétent. Le magistrat rend, sans frais, une sentence à la suite de laquelle le débiteur peut payer sans aucun danger. S'agit-il au contraire de revenus de moins de trois années, d'intérêts dont la somme n'excède pas cent solides, l'autorisation du magistrat n'est pas nécessaire (1).

II. — Le tuteur est tenu non seulement de conserver la fortune du pupille, mais encore de l'augmenter si cela est possible. De là l'obligation pour lui de ne pas laisser improductifs les revenus qu'il a touchés. Examinons les règles relatives à l'emploi des fonds du pupille.

D'abord une première partie des revenus doit être réservée à l'entretien et à l'éducation. Lors de son entrée en fonctions, le magistrat doit être provoqué à rendre une décision sur le point suivant: quelle sera la somme qui sera consacrée annuellement aux besoins matériels et à l'instruction de l'impubère? Le chiffre est fixé proportionnellement à la fortune du pupille, à sa condition, à sa naissance. *Jus alimentorum decernendorum pupillis Prætori competit* (L. 3 D. *Ubi pup. educ. vel mor. deb.* XXVII, 2).

Une seconde partie des revenus est employée par le tuteur, sous sa responsabilité, à l'entretien des biens qu'il administre.

---

(1) L'art. 296 du code civil italien reproduit cette distinction. Le tuteur ne peut recevoir un capital sans l'autorisation du conseil de famille.

Enfin le restant des revenus doit être capitalisé et converti en biens productifs.

L'argent doit d'abord être déposé dans un endroit indiqué par le préteur, ordinairement dans un temple. Puis le tuteur doit en faire emploi dans un certain délai.

S'agit-il de sommes qu'il trouve, au début de la tutelle, dans le patrimoine du pupille, c'est dans les six mois qu'il doit faire le placement (L. 15. D. *De adm. tut.*).

S'agit-il de sommes qui lui arrivent, au cours de sa gestion, il a dû prévoir ces rentrées et songer d'avance aux placements : aussi le délai qui lui est accordé est-il plus court. C'est dans les deux mois qu'il doit en faire emploi (L. 7, § II. D. *De adm. tut.*).

S'il n'a pas fait emploi dans ces délais, il doit les intérêts légaux de la somme ainsi laissée improductive : il en est même tenu tout de suite, s'il applique ces deniers à son avantage personnel (L. 75. L. 58. § 4 *De adm. tut.*).

Quelle nature de placements doit faire le tuteur ? Autant que les circonstances le permettent, il doit acheter des fonds de terre (L. 75. § 2, 3 et 7. *De adm. tut.*). Il peut aussi placer l'argent à intérêts : mais il doit, autant que possible, prendre comme sûreté une hypothèque (L. 47, § 5. D. *De adm. tut.*).

Justinien dispense le tuteur de l'obligation de placer l'argent à intérêts (Nov. 72, chap. 4).

Telles sont les restrictions apportées aux pouvoirs d'administration des tuteurs.

Il nous reste cependant à signaler une troisième entrave apportée à la liberté du tuteur : c'est dans le cas où un acte intéresse à la fois le tuteur et le pupille. Voyons comment les choses se passent dans cette hypothèse.

§ 3. — Du cas où un acte intéresse tout à la fois le tuteur et le pupille.

Il peut se faire que la gestion du patrimoine du pupille nécessite une opération juridique dans laquelle le tuteur est lui-même intéressé. Dans ce cas le tuteur ne peut faire lui-même cet acte : il est certain qu'il ne peut être à la fois vendeur et acheteur ; prêteur et emprunteur (L.5, § 2. *De auct. et cons. tut.* XXVI, 8). Mais pourra-t-il agir en donnant son *auctoritas ?* Pas davantage. Cela résulte de la nature même de l'*auctoritas* que nous avons indiquée. Le tuteur *auctor* ne donne pas une simple autorisation : il participe, de concert avec le pupille, à l'acte juridique accompli. La nature des choses s'oppose donc à ce qu'il joue à la fois deux rôles opposés. C'est ce principe que les Romains entendent exprimer lorsqu'ils disent : *tutor in rem suam auctor fieri non potest* (*Van Wetter*. Cours de Droit romain. Tome 1, § 54).

Mais alors comment faire quand une hypothèse semblable se présente ? C'est là un des cas exceptionnels dans lesquels on nomme un curateur aux impubères (Inst.,§ 3. *De auct. tut.* 1, 21). — Dans le droit classique on nommait un tuteur spécial (Gaïus, C. 1 §, 184).

Nous devons cependant mentionner un cas particulier où, en sa qualité d'administrateur, le tuteur pouvait faire un acte, relatif à ses propres intérêts. Nous voulons parler de l'hypothèse où le pupille se trouve créancier ou débiteur de son tuteur. Cela peut résulter parfaitement d'une transmission héréditaire : le mineur peut se trouver appelé à une succession dont le tuteur est créancier ou débiteur. Les textes prévoient cette situation et ils autorisent le tuteur à se payer à lui-même le montant de la dette, ou à faire le paiement qui doit le libérer : *solvere tutor quod debet, ita et exigere quod sibi debetur potest, si creditor fuit patris pupilli* (L. 9 § 5. *De adm. et per. tut.*).

Bien plus, si la dette dont il est créancier produit de gros intérêts, son devoir est de la payer. — Si c'est lui-même qui est débiteur du pupille, le recouvrement des créances de ce dernier étant un acte nécessaire, il est censé s'être payé entre ses propres mains, à moins que la créance ne fût productive d'intérêts, la présomption n'étant établie qu'en faveur du pupille et ne devant jamais nuire à ce dernier (L. 9, §§ 1 à 4. *De adm. et per. tut.*).

Cette présomption de paiement fait par le tuteur entre ses propres mains n'est pas sans conséquences : elles nous sont indiquées dans le fragment que nous avons cité. 1° Le tuteur ayant dû payer ce qu'il devait, n'est plus débiteur *ex antiqua causa*, mais *ex causa tutelæ* : la somme est donc garantie par le privilège attaché à l'action de tutuelle (1) ; 2° le pupille peut poursuivre le paiement contre les fidéjusseurs qui ont promis *rem pupilli salvam fore* ; 3° enfin, si l'action du pupille était temporaire, transformée en action de tutelle elle devient perpétuelle.

Relativement à ces dettes qui peuvent exister entre le tuteur et son pupille, Justinien a introduit des innovations : elles sont contenues dans la novelle 72.

L'Empereur prévoit d'abord le cas où celui qui est appelé à la tutelle serait créancier ou débiteur du pupille. A cette époque l'écriture était devenue le mode normal employé pour constater soit la naissance, soit l'extinction d'une obligation. Dans ces conditions une fraude était possible : il était à craindre que le tuteur, mis en possession des papiers du pupille, ne fît disparaître la preuve d'une dette dont il était tenu envers le mineur, ou la quittance d'une dette en

(1) Constantin transforma ce privilège en une hypothèque tacite (L 20. C. *De adm. tut.* V, 37 .

réalité éteinte et qu'il voudrait faire revivre contre lui.
— Pour éviter ces abus, le législateur fait de cette circonstance, que le tuteur est créancier ou débiteur de son
pupille, une cause d'exclusion de la tutelle. — Si le tuteur
ne dénonce pas cette qualité il encourt, s'il est créancier,
la perte de sa créance ; s'il est débiteur, une peine.

Justinien s'occupe ensuite des créances qui peuvent subvenir entre le tuteur et son pupille au cours de la tutelle.
Ici une distinction est nécessaire. — S'agit-il de créances
que le tuteur s'est fait céder contre son pupille, le législateur voit dans cet acte une spéculation suspecte contre
celui qui doit être protégé, et il déclare la créance éteinte
(Nov. 72. chap. 5).

Le tuteur, au contraire, devient-il créancier de son pupille
par suite d'une transmission involontaire, par exemple par
suite d'une transmission héréditaire, on comprend facilement que dans cette hypothèse on ne peut admettre la
solution rigoureuse qui régit le cas précédent. On aurait
pu enlever la tutelle à celui qui est devenu ainsi créancier,
mais cela aurait pu être préjudiciable au mineur. On se
contente de nommer au pupille un cotuteur, « *ut custodiat
ille, ne fiat adversus adolescentem, aut ejus substantiam
ab eo qui eum habet obligatum, in medio ulla malignitas*
(Nov. 72, chap. 2).

CHAPITRE III

DES EFFETS DES ACTES FAITS PAR LE TUTEUR EN SA QUALITÉ D'ADMINISTRATEUR.

Nous avons à étudier, dans ce chapitre, les conséquences juridiques des opérations du tuteur. Il y a, sur ce point, une différence fondamentale, suivant que le tuteur a agi lui-même, comme *negotiorum gestor*, ou, au contraire, a fait figurer le pupille dans l'acte, se contentant de compléter la capacité de celui-ci au moyen de l'*auctoritas*.

A-t-il fait intervenir le mineur : c'est alors dans la personne de l'impubère lui-même que se produisent directement les effets de l'acte accompli ; c'est le patrimoine de l'impubère qui se trouve enrichi ou grevé.

Le tuteur, au contraire, a-t-il fait l'acte lui-même, laissant complètement le pupille à l'écart : c'est alors dans la personne et dans le patrimoine du tuteur que se produisent les résultats actifs ou passifs de l'opération. Dans ce cas, en effet, il a agi comme mandataire ; or ce fut une règle à Rome, longtemps maintenue dans toute sa rigueur, qu'une personne n'en représente pas valablement une autre dans les actes purement juridiques (L. 11. D. *De oblig. et act.* XLIV, 7).

Les Romains n'admettaient pas que, lorsqu'il s'agit de se mettre en rapport avec un tiers, la capacité d'agir, de contracter, puisse se transmettre à un intermédiaire. Outre la résistance des premiers jurisconsultes romains

à admettre cette fiction un peu subtile, une autre considération explique ce principe de la non-représentation.
Le père de famille, à Rome, n'avait pas besoin, pour
arriver aux résultats qu'il ne pouvait atteindre par ses
propres moyens, de faire appel à des mains complètement
étrangères : il avait près de lui des instruments d'acquisition qui pouvaient être très nombreux : les esclaves et
les fils de famille. Ces personnes, soumises au chef de
famille, étaient censées ne faire qu'une seule personne
avec lui. « Comme partie subordonnée, comme dépendance, comme instrument de cette personne, elles peuvent
intervenir à sa place dans divers cas, acquérir pour elle (1) »
(Inst. pr. *Per quas pers cuique acq.* II, 9). Quoi qu'il en
soit, il résultait de ce principe que le tuteur, mandataire
légal, s'engageait personnellement envers les tiers, et
c'était envers lui que les tiers étaient liés. Seulement,
à la fin de la tutelle, il se faisait un règlement pour
aboutir à faire passer sur la tête du pupille les résultats
de ces diverses opérations. De là des difficultés, des
complications ; de là un grand danger, si le pupille ou le
tuteur se trouve insolvable. Aussi les préteurs essayaient-
ils de remédier à cette situation fâcheuse. Nous aurons
donc, sur cette matière, à exposer les principes du droit
civil et les améliorations du droit prétorien. Le tuteur
peut intervenir à propos de la transmission de droits
réels, il peut devenir créancier ou débiteur ; il peut plaider
pour son pupille. Quelles sont les conséquences de son
intervention dans ces trois cas ? C'est ce que nous allons
examiner successivement.

(1) Ortolan, *Explication des Institutes,* § 608.

§ 1. — **Des droits réels.**

Les modes de transmission sont du droit civil ou du droit des gens. Pour l'*in jure cessio* et la *mancipation,* qui sont du droit civil, nous avons vu que ces modes ne sont accessibles qu'au titulaire du droit. Le tuteur qui essaierait d'aliéner les biens du pupille par l'un de ces deux moyens ferait un acte complètement nul : la formule exigée n'a de sens, ne produit effet qu'autant qu'elle est prononcée par celui à qui appartient le droit à aliéner.

Sans doute le tuteur peut user de l'*in jure cessio* et de la *mancipation* pour acquérir, mais alors il acquiert pour lui et une nouvelle aliénation sera nécessaire pour faire passer au pupille les biens qu'il a ainsi obtenus.

Nous avons indiqué les inconvénients de ce système de double transmission : le tuteur y échappait en employant le mode de transmission du droit des gens, c'est-à-dire la *tradition.* La tradition, en effet, pouvait être faite par le ministère d'un tiers (Inst. §§ 42 et 43. *De div. rer.* II, 1). Le tiers acquéreur devient immédiatement propriétaire, s'il s'agit d'une chose *nec mancipi ;* par l'expiration du temps exigé pour l'usucapion, s'il s'agit d'une chose *mancipi* (D. 13, § 1. D. *De act. rer. dom.* XLI, 1).

Mais le tuteur peut-il acquérir directement uné chose au pupille par la tradition ? admettre l'affirmative, ne serait-ce pas violer la règle : *per extraneam personam nihil acquiritur ?* D'abord cette règle n'est plus vraie du temps de Justinien : dans le dernier état du droit, tout mandataire peut acquérir la possession pour une autre personne, même à l'insu du mandant (Inst. § 5. *Per quas pers. nob.* II, 9). Cette représentation dans l'acquisition de la possession fut consacrée formellement par une constitution de l'empereur Sévère (L. 1. C. *De acq. vel. ret. poss.* VII, 32). L'Empereur déclare que cela fut admis « *tam ratione utilitatis quam juris prudentia* ». Du reste, déjà au second siècle de notre ère. Labéon et Nératius reconnaissaient cette doctrine dans leurs écrits. (L. 41. D. *De usurp. et usu.* XLI, 3 — L. 13. pr. *De acq. rer. dam.* — L. 51. D. *De acq. vel amit. poss.* XLI, 2).

Ce fut pour faire cesser toute controverse sur ce point que les empereurs Sévère et Caracalla consacrèrent formellement le principe par une constitution spéciale.

Le tuteur, qui est un mandataire légal, peut donc acquérir la possession et par suite la propriété pour son pupille. Bien plus, le tuteur peut faire cette acquisition alors même que le mineur qu'il représente est *infans*, c'est-à-dire incapable d'avoir l'*animus rem sibi habendi*. Sur ce point, il y avait d'ailleurs une autre dérogation au droit commun. On avait admis que le pupille *infans*, en général incapable de figurer lui-même dans un acte juridique, pourrait acquérir la possession *tutore auctore* (1).

Ainsi, sur ce premier point, la transmission des droits réels, dans le dernier état du droit romain, le tuteur représente complètement son pupille. Les actes qu'il fait, dans les limites de ses pouvoirs, enrichissent ou diminuent le patrimoine du pupille. Admis dès le second siècle pour le droit de propriété, seul susceptible de tradition, ce principe fut applicable à tous les droits réels, quand la quasi-tradition fut reconnue pour la transmission des autres droits réels.

---

(1) Quelques auteurs vont même plus loin et s'appuyant sur la loi. 3. C. *De acq. et ret. poss.* soutiennent que le pupille *infans* pouvait seul et sans tuteur, acquérir la possession (Puchta, *Rheinisches museum für jurisprudenz.* 111, n° 3. — Molitor, *Possession*, p. 35 n° 17).

§ 2 — Des droits de créance.

Quant aux obligations, le principe de la non-représentation resta plus longtemps intact. Cela tient sans doute à la nature toute personnelle du lien qui existait entre le créancier et le débiteur; une substitution de personnes était plus difficilement admissible. En conséquence, quand le tuteur faisait un contrat dans l'intérêt de son pupille, c'était lui qui était personnellement investi de l'action qui en naissait, lui qui était seul exposé aux poursuites qui pouvaient en résulter. Plus tard, quand la tutelle prenait fin, le pupille devait prendre à sa charge les obligations régulièrement contractées par le tuteur.

Tel est le pur droit civil, mais nous avons annoncé des améliorations apportées par le droit prétorien. Si au moment où il s'agit de payer la dette, d'exiger la créance, le pupille est devenu capable, le préteur décide que l'action sera donnée utilement, *utilitatis causa,* pour ou contre lui (1) (L. 2. D. *Quando ex fact. tut.,* XXVI, 9). Par voie de conséquence, l'ex-tuteur cesse, dès que le pupille est arrivé à la puberté, d'être exposé aux poursuites des tiers avec qui il a contracté: *tutores curatoresque finito officio non esse conveniendos ex administratione pupillorum vel adolescentium: sæpe decretum est* » (L. 1. C. *Quando ex fact.* V, 39).

Tels sont les tempéraments que nous voyons apporter par le préteur à la rigueur du droit civil: dès lors le prin-

---

(1) La même réaction se produisit dans le mandat ordinaire : le progrès se réalisa d'abord par l'introduction des actions *exercitoria* et *institoria,* données dans des hypothèses spéciales. Généralisant cette innova'ion, on accorda contre tout mandant une action utile *ad exemplum institoriæ actionis.* Ulpien fit le dernier pas en accordant, par réciprocité, au mandant les actions utiles contre les tiers.

cipe de la non-représentation est considérablement ébranlé. S'il n'est pas encore tout à fait exact de dire, comme dans notre droit français, que le tuteur représente le pupille quand il gère, il n'en est pas moins vrai, qu'à l'aide des actions utiles, on arrive à un résultat presque équivalent.

§ 3. — Des procès.

Nous avons vu qu'à partir du système formulaire, le tuteur pouvait plaider pour son pupille. Nous avons à faire connaître maintenant les formes et les effets de cette représentation.

Primitivement c'est plutôt aux *procuratores* qu'aux *cognitores* qu'il faut assimiler les tuteurs. En effet, les tuteurs ne présentaient pas la double condition qui caractérisait le *cognitor*, à savoir la constitution en termes solennels et en présence de l'adversaire (Gaius C. IV, § 83). D'où les conséquences suivantes : 1° le tuteur devait fournir la *cautio rem ratam dominum habiturum* (Gaius, C. IV, § 99) ; 2° la chose jugée avec le tuteur ne liait pas le pupille qui pouvait recommencer le procès (Fragments du Vatican, § 317). Mais quand le tuteur avait soutenu le procès avec la diligence convenable, il trouvait dans l'action *tutelæ contraria* un moyen de se faire indemniser des condamnations auxquelles l'exposait le défaut de ratification du pupille. Ainsi donc, et toujours dans l'hypothèse d'un procès convenablement conduit par le tuteur, le défaut de ratification du pupille était peu à redouter » (Bonjean, *Traité des actions*, tome II, page 484, note 1).

Mais ici encore, la jurisprudence voulut éviter les inconvénients qui pouvaient résulter de ces principes.

D'abord quant à la *cautio de rato*, Gaius nous apprend qu'on en faisait remise au tuteur (Gaius, C. IV, § 99). Au temps d'Ulpien, on était arrivé à considérer le pupille comme lié par la chose jugée avec son tuteur, ce qui rendait inutile la *cautio de rato* (L. 23. *De adm. tut. et cur.*). De même sous le rapport de l'*actio judicati* on tendit à assimiler le tuteur au *cognitor*. « *Tutori qui infantem defendit, succurritur, ut in pupillum judicati actio detur* » (L. 7. D. *Quando ex facto tutoris.*)

Justinien fondit en une institution unique, les deux institutions des *cognitores* et des *procuratores*, que la jurisprudence avait déjà rapprochées (Inst. *De iis per quos agere possumus*, IV, 10). Dès lors sur ce point encore on peut dire que nous sommes arrivés à la règle du droit français, à savoir la représentation du pupille par son tuteur.

Il résulte des divers cas, que nous venons de parcourir, que dans le dernier état du droit romain, le pupille est lié par tous les actes faits régulièrement et de bonne foi par son tuteur. La raison de cette règle nous est donnée par le jurisconsulte Paul dans les termes suivants : « *nam et inutile est pupillis, si administratio eorum non servatur, nemine scilicet emente...*» (L. 12, § 1. *De adm. et per. tut.*). Personne ne voudrait traiter avec le tuteur, si la validité de l'acte dépendait des résultats ultérieurs : cet excès de protection serait des plus nuisibles aux intérêts du mineur. Tel est le motif bien raisonnable du principe qui avait fini par triompher dans la législation romaine.

Mais, en cas de préjudice éprouvé par suite des actes du tuteur, le mineur n'a-t-il aucun recours contre lui ? En d'autres termes dans quels cas le tuteur est-il responsable envers son pupille ? Tel est le point qui nous reste à examiner.

§ 4. — De la responsabilité du tuteur envers son pupille.

Avant tout, il est utile de remarquer que le mineur n'est tenu, vis-à-vis des tiers, d'exécuter les actes consentis par son tuteur, qu'autant que ce dernier a agi régulièrement. Il est évident, par exemple, que l'ex-pupille n'aurait pas à respecter une donation (L. 22. *De adm. et per. tut.*). — De même, il pourrait attaquer une vente, consentie par le tuteur, irrégulièrement et sans l'autorisation du magistrat (L. 3 § 13. D. *De susp. tut. et cur.* XXVI, 10). Toutefois le pupille devenu majeur peut ratifier la vente ainsi conclue et il est même censé l'avoir fait, s'il a gardé le silence pendant cinq années, à compter de sa majorité (L. 3. C. *Si major factus sine decreto fact.*, V, 74). Le délai est porté à dix ans entre présents, et à vingt ans entre absents, s'il s'agit d'une aliénation à titre gratuit (L. 4. C. *Si quis ign. rem min.* V, 73).

Mais supposons que le tuteur ait fait un acte qu'il avait le droit de faire : seulement il en est résulté un dommage pour le pupille. Ce dernier n'a aucun recours contre le tuteur, si ce dernier est exempt de toute faute. Mais il en est autrement, s'il y a eu négligence de la part du tuteur. Dans ce cas, le pupille obtient réparation au moyen de l'action *tutelæ directa*. Le difficile seulement est de déterminer exactement l'étendue de la responsabilité du tuteur. Bien qu'il rendît un service purement gratuit, le tuteur est tenu non seulement de sa faute lourde, mais encore de sa faute légère : cela est certain pour l'époque classique. Mais fallait-il apprécier cette faute légère *in abstracto* ou seulement *in concreto* ? Sur ce point nous avons des textes contradictoires : aussi les interprètes du droit romain ne sont pas d'accord sur la solution de cette question. Les uns sont d'avis que le tuteur ne répondait en général que de sa faute appréciée *in concreto*. C'est bien ce que semble dire Ulpien dans le texte suivant : « *Tutor.... rationem reddet in hoc judicio, præstando dolum, culpam, et quantam in rebus suis deligentiam.* » (L. I. p. D. *De tut et rat.*, XXVII, 3) Mais d'autres textes semblent indiquer que c'est l'opinion contraire qu'il faudrait suivre. Callistrate (L. 33. pr. *De adm. tut.*) nous dit que le tuteur doit apporter dans son administration les mêmes soins qu'un bon père de famille. Modestin conclut dans le même sens (*Coll. leg. mosaïc.* tit. X, cap. 2, §2). C'est à cette dernière opinion que se rallie M. Accarias, faisant remarquer qu'il est bien vraisemblable que c'est celle qui a prévalu, comme étant nécessitée par l'impuissance évidente du pupille à surveiller lui même ses intérêts (1).

Ainsi, en cas de négligence manifeste, le pupille trouve réparation au moyen de ce recours qu'il a contre le tuteur. — S'il y avait dol de la part du tuteur, il serait alors passible d'une véritable poursuite criminelle. C'est le cas du *Suspecti crimen* (L. 7, § 1, *De suspect. tut.*). — Le pupille est encore protégé par des actions qu'il a contre d'autres personnes. Il peut même, dans certains cas donnés, obtenir une *restitutio in integrum*. Mais nous n'avons à traiter que de la *tutelæ gestio :* l'étude de ces divers points sortirait donc du cadre que nous nous sommes tracé.

Maintenant ces règles sur la responsabilité du tuteur peuvent se trouver modifiées par cette circonstance qu'il y a plusieurs tuteurs. Ce sont ces modifications que nous avons maintenant à examiner.

(1) Dans un sens opposé, MM. Mayns (*Cours de droit romain*, tome III, p. 162, § 434 — Van Wetter tome I, Des personnes, § 53, n° IV.

§ 5. — **Du cas où plusieurs personnes sont chargées d'une même tutelle.**

La pluralité des tuteurs n'était pas une exception à Rome : on peut même dire que c'était la règle. En cas de tutelle légitime on comprend facilement qu'il y eût plusieurs agnats du même degré appelés éventuellement à la succession de l'impubère ; et dans ce cas, de même qu'ils ont tous l'expectative de la succession, ils doivent avoir tous la charge de la tutelle. *Ubi est emolumentum successionis, ibi et onus tutelæ debet.* — Mais encore en cas de tutelle testamentaire et de tutelle dative, on voit la plupart du temps plusieurs personnes chargées ensemble de cette mission.

La pluralité des tuteurs engendre quelques complications quant à *l'auctoritas*. Tous n'ont pas dans tous les cas le pouvoir d'autoriser. Mais nous n'avons pas à nous arrêter sur ce point qui ne fait pas partie de notre étude. — Nous avons seulement à traiter des particularités qui se présentent dans cette hypothèse quant à l'administration.

La gestion du patrimoine du mineur s'accommode mieux d'un seul tuteur que de plusieurs. On sait que rien n'est plus nuisible à une bonne administration que la coexistence de pouvoirs rivaux se paralysant les uns les autres ; rien de plus fatal à la marche des affaires que le concours de volontés diverses, de vues différentes s'entravant réciproquement. C'est ce que comprenaient parfaitement les jurisconsultes romains. « .... *Sane enim facilius unus tutor et actiones exercet et excipit, ne inter multos tutela spargatur* » (L. 3 § 3, *De adm. et per. tut.*) Aussi faisait-on en sorte d'arriver à l'unité d'administration, malgré la pluralité de tuteurs. Pour cela deux procédés étaient employés : ou bien un seul tuteur était chargé de gérer l'universalité du patrimoine, sous la surveillance des autres. Ou bien l'administration des intérêts du pupille était divisée, pour ainsi dire, en départements et à la tête de chacun d'eux était placé l'un des tuteurs.

Cette situation pouvait être réglée à l'avance par le père de famille dans son testament : le magistrat dans ce cas confirmera le choix du père de famille, à moins qu'il n'y ait erreur manifeste, ou que le tuteur ne soit devenu, dans la suite, un homme de mauvaise conduite ou d'insolvabilité notoire (L. 3, § § 1 et 3. *De adm. tut.)*

Ce règlement peut être fait encore par les tuteurs eux-mêmes, sur la provocation et sous la direction du magistrat, ou même d'office par le préteur (L. 3, §§ 5 et 9.,) *De adm. tut.*).

Il peut se faire cependant que les tuteurs aiment mieux gérer tous ensemble : le préteur peut les y autoriser (L. 3, § 8, *De adm. et per. tut.*).

Suivant les cas, les pouvoirs et la responsabilité des tuteurs sont différents : nous avons donc trois hypothèses à parcourir.

1ʳᵉ HYPOTHÈSE. — *L'administration de l'universalité du patrimoine a été confiée à un tuteur unique.*

Ce tuteur qui gère est appelé tuteur *onerarius* par opposition à ses cotuteurs qui, n'ayant pas l'administration, sont appelés *honorarii*. Cette dernière expression n'est pas complètement exacte : elle tendrait à faire croire que ces personnes ne supportent aucune des charges de la tutelle. Cependant ils sont tenus de surveiller celui qui gère, de contrôler sa conduite, de lui demander des comptes de temps en temps. On peut les assimiler à ce point-de-vue à notre subrogé tuteur (Art. 470 du code civil).

De plus ces tuteurs, qui restent ainsi étrangers à l'administration, ne cessent pas pour cela d'être responsables envers le pupille. Seulement leur responsabilité n'est que subsidiaire : ces tuteurs jouissent en effet du bénéfice de discussion. Ils ne peuvent être poursuivis que *excussis prius facultatibus ejus qui gesserit* (L. 3, § 2 et L. 39, § 11. *De adm. et per. tut.*).

2ᵉ HYPOTHÈSE. — *La gestion est divisée entre les tuteurs.*

Cette division peut se faire de deux manières, ou bien *in partes*, c'est-à-dire en catégories d'affaires, ou bien *in regiones*, c'est-à-dire en circonscriptions territoriales (L. 4, *De adm. et per. tut.*). Dans ce cas, chaque tuteur n'est en général responsable que de sa propre gestion, des affaires se rapportant à son département. Cependant le tuteur n'est pas tellement étranger à son cotuteur qu'on ne lui impose pas une certaine surveillance à son égard. Il est coupable de dol s'il a négligé de faire destituer, s'il y avait lieu, son cotuteur comme suspect (L. 12, *Rem. pup. sav. fore.* XLVI, 6).

De plus cette division, faite dans l'intérêt du pupille, ne doit pas nuire aux tiers. Ainsi on suppose qu'un tiers se trouve créancier et débiteur du pupille : seulement sa créance et sa dette existent par rapport à deux départements différents. Ce tiers poursuivi par un tuteur pourra invoquer en compensation la créance qu'il a contre l'autre tuteur (L. 36, *De adm. et per. tut.*).

3ᵉ HYPOTHÈSE. — *Tous les tuteurs gèrent indivisément.*

Dans ce cas tous les tuteurs sont compétents pour faire les actes que comporte l'administration des intérêts du pupille. Aussi sont-ils tous responsables, et solidairement responsables vis-à-vis du mineur. Le pupille peut poursuivre pour le tout celui qu'il lui plaît de choisir (L. 18, § 1, *De adm. et per. tut.*). Le tuteur ainsi actionné aura un recours contre ses cotuteurs. Mais ce recours pourrait être inefficace, à raison de l'insolvabilité de ces derniers. Aussi l'équité fit-elle admettre pour les cotuteurs les mêmes bénéfices que pour les cofidéjusseurs.

(A) D'abord le tuteur poursuivi peut demander que l'action soit répartie entre lui et ceux de ses cotuteurs qui sont solvables ; *c'est le bénéfice de division*, créé par un rescrit d'Adrien pour les fidéjusseurs (Gaïus, C. III, § 121) : il fut étendu aux cotuteurs par la jurisprudence (L. 1. §§ 10, 11 et 12. D. *De tutela et rat. distr.* XXVII, 3).

(B) En second lieu, le tuteur peut, s'il le préfère, se faire céder les actions du pupille, pour mieux assurer son recours. C'est le *bénéfice de cession d'actions.* On sous-entend même cette cession, quand le tuteur a payé en vertu d'un jugement (L. 76. *De solut.* XLVI, 3).

Mais remarquons que cette obligation de surveillance réciproque et la solidarité qui en est la conséquence, n'existe qu'entre ceux qui sont véritablement cotuteurs. Il en serait autrement s'il s'agissait des personnes chargées de veiller aux intérêts d'un même mineur, mais dans des contrées différentes (1) (Arg. L. 21, § 2, *De excus,* XXVII, 1).

Nous avons ainsi terminé les règles relatives à la responsabilité du tuteur. Il en résulte qu'à la fin de la tutelle, le tuteur peut se trouver débiteur envers le pupille. Quelles mesures sont prises pour assurer l'exécution de ces obligations ? Ce sera là l'objet de notre dernier chapitre.

----

(1) C'est le cas de notre protuteur (Art. 417 C. civ.).

CHAPITRE IV

DES GARANTIES EXIGÉES DU TUTEUR, POUR SURETÉ DE SA GESTION.

L'étude de la responsabilité du tuteur nous a déjà fait connaître les précautions prises par la loi dans l'intérêt du pupille. Nous avons vu comment, la tutelle finie, il avait recours contre son tuteur, subsidiairement contre certains magistrats. Nous avons rappelé enfin que le préteur pouvait, en vertu de ses pouvoirs, rescinder, sous certaines conditions, les actes valablement faits par le tuteur, quand ils avaient causé un préjudice au mineur. Il nous reste donc bien peu à dire sur ce point, et cette partie de notre travail sera fort courte. Nous devons cependant, pour être complet, indiquer trois dispositions prises également par la loi romaine pour garantir le pupille contre la mauvaise administration de son tuteur.

1° La tutelle constituant une charge publique, celui qui est appelé à cette fonction, doit prêter serment de bien administrer, comme un homme probe et honnête (Nov. 72, chap. 2 et 8). Certains tuteurs sont même tenus de faire garantir l'exécution de cette promesse par l'engagement de fidéjusseurs. Ce sont ceux qui inspirent le moins de confiance : ce sont les tuteurs légitimes et les tuteurs nommés par le magistrat *sine inquisitione (Inst. pr. De satisd. tut. vel cur. I,* 24). Quant aux tuteurs testamentaires et aux tuteurs datifs nommés après enquête, on estime que le choix du père de famille ou du magistrat a dû être suffisamment éclairé ; et cette garantie n'est pas alors imposée.

Si le tuteur refuse de remplir l'obligation dont il s'agit. s'il se montre récalcitrant, le magistrat fera saisir ses biens, de manière qu'ils servent de gage pour l'accomplissement de ses devoirs: *pignoribus captis cœrcetur*, dit Justinien. (*Inst. De satisd. tut.* § 3) — Ainsi l'avaient décidé des constitutions impériales.

Les cautions s'engageaient envers le pupille lui-même, s'il était présent et sorti de *l'infantia*. Si le pupille est *infans* ou absent, il ne peut stipuler lui-même: alors comment faire? Les Romains avaient utilisé dans cette circonstance le principe en vertu duquel l'esclave peut valablement stipuler pour son maître. C'était donc un esclave du pupille qui interrogeait les fidéjusseurs et recevait leurs réponses.

Si l'enfant n'avait pas d'esclaves, on lui en achetait un, ou bien on faisait intervenir un *servus publicus*, qui, *utilitatis causa,* était considéré comme appartenant à tous les citoyens romains. (L. 2. D. *Rem pup. vel adol. salvam fore XLVI*, 6). Quand les jurisconsultes se furent départis du formalisme un peu puéril des premiers temps, on en vint à supprimer la nécessité d'une stipulation expresse. Les cautions furent considérées comme suffisamment engagées quand elles avaient laissé inscrire sans protestation leur nom sur les *acta publica* ou même avaient déclaré le tuteur solvable (L. 4, § 3. *De fid. et nom.*, XXVII, 7).

Il ne faut pas confondre cette *cautio* fournie au pupille avec la promesse, également garantie par des cautions, que l'un des tuteurs peut faire aux autres. Ce cas est prévu aux Instilutes (§ 1, *De Salisd. tut.*). En pareille hypothèse, celui qui a fourni la caution *rem pupilli salvam fore* est seul chargé de l'administration. Cela n'empêche pas ses collègues d'être responsables envers le pupille: mais s'ils sont condamnés sur la poursuite de ce dernier, ils peuvent se retourner contre le tuteur qui a fait cette promesse, et ils trouvent dans cette *cautio* un moyen de se rendre indemnes (L. 3, § 2, *De adm. et per. tut.*).

2° Une deuxième obligation imposée au tuteur, dans l'intérêt du pupille, c'est la nécessité de dresser en présence du magistrat un inventaire fidèle et exact des biens pupillaires *(repertorium, inventorium)* (L. 7, pr. *De adm. et per. tut.*). Cet acte a pour but de prévenir les détournements et il sert de base au compte que le pupille aura plus tard à rendre.

Si le tuteur n'a pas rempli cette obligation, le pupille est autorisé à fixer lui-même, sous la foi du serment, le montant et le contenu de son patrimoine. Toutefois le tuteur évite cette sanction rigoureuse en prouvant qu'il a été empêché de faire inventaire par un événement de force majeure ou par une cause des plus légitimes (L. 7, pr. *De adm. et per. tut.*)

Le père de famille a le droit d'enlever à son enfant cette garantie, en dispensant le tuteur de cette obligation par son testament. M. Van Wetter (*Cours de droit romain*, tome 1, § 51, p. 249) déclare que cette clause ne vaut que pour les biens qui sont laissés à l'enfant en dehors de sa légitime. Mais Justinien dans sa constitution (L. 3, C. *Arb. tut.*) ne fait aucune distinction. Aussi fait-on généralement remarquer que cela se concilie mal avec la nécessité absolue pour le tuteur de rendre compte (L. 5, § 7, *De adm. et per. tut.*)

3° Enfin une dernière garantie du pupille se trouve dans cette hypothèque tacite, que Constantin lui accorda sur tous les biens de son tuteur (L. 20, C. *De adm. tut. vel cur.*).

DROIT FRANÇAIS

DE L'ADMINISTRATION

DE LA

FORTUNE MOBILIÈRE DES MINEURS

INTRODUCTION

La législation romaine, nous l'avons vu, avait pris successivement des mesures salutaires pour sauvegarder les intérêts des mineurs dont la défense est un devoir impérieux pour toute société. La loi française, elle aussi, a pourvu à la protection de ces incapables ; elle a posé des règles nombreuses destinées à assurer leur éducation, les soins de leur personne et aussi la conservation de leur patrimoine. Les dispositions qui régissent cette matière font l'objet d'un titre du code civil. Mais, pour ce qui concerne la gestion des biens du mineur, le législateur de 1804 s'est surtout préoccupé de la fortune immobilière : c'est principalement l'administration des immeubles qu'il a entourée de formalités protectrices. C'est qu'à cette époque le seul élément véritablement important de la richesse consistait dans la propriété immobilière. Quant à la propriété mobilière, elle était presque ignorée de nos ancêtres, et, pour ainsi dire, dédaignée de nos anciens docteurs qui disaient d'elle : *Vilis mobilium possessio*. C'est dans ces conditions économiques et sous l'empire de ces idées que fut rédigé le Code civil : on comprend dès lors que la gestion des meubles fut environnée de moins de garanties que celle des immeubles pour lesquels le législateur réservait toute sa sollicitude.

Mais depuis cette époque la situation est bien changée. La propriété mobilière a pris, de nos jours, un développement des plus prodigieux : elle constitue souvent la partie la plus considérable du patrimoine quand elle ne le constitue pas tout entier, et cela même quelquefois pour les fortunes les plus importantes. D'abord une classe de biens, fort considérable aujourd'hui, que notre ancien droit rangeait parmi les immeubles, ont été classés parmi les meubles par le Code civil : nous voulons parler des rentes qui deviennent chaque jour plus nombreuses par suite de l'accroissement de notre dette publique — De plus, grâce aux progrès incessants du commerce et de l'industrie, nous voyons se créer chaque jour des sociétés nouvelles dont les actions sont recherchées avec avidité par les capitalistes et qui viennent augmenter le patrimoine mobilier. Cette importance sans cesse grandissante de la fortune mobilière était sigalée en 1862 dans un rapport présenté au Sénat par M. Bonjean. « Sans compter, disait-il, les créances ordi-
» naires, hypothécaires ou chirographaires, ni lettres de
» change et billets à ordre, on peut évaluer à vingt-cinq
» millards la somme des titres qui circulent en France, et
» qui sont représentés par cette multitude de papiers de

» toute couleur, dont la fragilité eût fait reculer la pru-
» dence de nos pères plus circonspects, ou, comme notre
» vanité aime à le dire, moins avancés en civilisation que
» leurs aventureux enfants. (1) »

Ces valeurs mobilières, de nature si diverse, peuvent appartenir à des mineurs : quelles mesures a prises le législateur pour leur en assurer la conservation ? D'une manière plus générale, comment la fortune mobilière des mineurs est-elle protégée par la législation actuellement en vigueur ? Telle est la question que nous nous proposons d'examiner dans ce travail. Le Code civil, nous l'avons remarqué, ne contient sur cette matière que des dispositions incomplètes : cette lacune avait donné lieu à de nombreux abus, signalés par les meilleurs esprits. Pour donner satisfaction à ces critiques, un projet de loi relatif à l'aliénation des valeurs mobilières appartenant aux mineurs ou aux interdits, et à la conversion de ces valeurs en titres au porteur, était déposé au Sénat, dans la séance du 12 janvier 1878, par M. Dufaure, président du conseil, ministre de la justice. Ce projet, modifié par les Chambres, est devenu la loi du 27 février 1880. Nous devons ajouter que déjà, depuis longtemps, un premier pas avait été fait pour combler, sur cette matière, l'insuffisance du Code civil : une loi du 24 mars 1806 était venue restreindre les pouvoirs du tuteur et la capacité du mineur émancipé en ce qui concerne la vente des inscriptions de rente 5 p. 100 ; un décret du 25 septembre 1813 avait étendu les dispositions de cette loi aux actions et portions d'action de la Banque de France. Ces derniers documents législatifs, utiles à connaître pour le passé, n'ont plus pour l'avenir qu'un intérêt historique : en effet, la loi de 1880, tout en généralisant les mesures partielles de 1806 et de 1813, en a

(1) Ce rapport se trouve dans le *Moniteur officiel* du 3 juillet 1862.

prononcé l'abrogation formelle (Art. 12 de la loi du 27 février 1880).

Tels sont, avec les articles du Code civil, les différents textes que nous aurons à analyser pour connaître les mesures protectrices de la fortune mobilière des mineurs. Les règles que nous avons à exposer diffèrent sensiblement suivant la situation dans laquelle se trouvent ces incapables. A ce point de vue, trois hypothèses doivent être distinguées. L'enfant peut avoir encore ses père et mère : dans ce cas, s'il a des biens personnels, c'est son père qui en a l'administration légale.

Mais la mort peut faire disparaître l'un de ses deux parents et alors le régime de la tutelle vient remplacer celui de l'administration légale.

Enfin, parvenu à un certain âge, le mineur peut avoir acquis une maturité suffisante pour prendre soin lui-même de ses intérêts : dans ce cas la loi permet, sans toutefois le soustraire à tout contrôle et à toute surveillance, de l'affranchir de la puissance paternelle ou de la tutelle : c'est l'état d'émancipation.

Quelle est, dans ces trois situations, la condition du mineur, quant à sa fortune mobilière ? c'est ce que nous avons à examiner, et notre travail se trouve ainsi divisé naturellement en trois parties principales. C'est du mineur en tutelle que nous nous occuperons tout d'abord : en effet c'est généralement le décès d'un de ses deux parents qui donne au mineur une fortune personnelle. C'est en conséquence pour cette situation normale qu'ont été posées les principales règles de la loi relatives à l'administration de ce patrimoine. Pour les autres situations nous n'avons guère que des dispositions exceptionnelles : avant de signaler les dérogations, il est logique d'indiquer d'abord les dispositions générales.

Nous aurons à voir, dans une seconde partie, dans quelle mesure les règles écrites pour le tuteur s'appliquent au père administrateur légal.

Enfin nous étudierons la situation du mineur émancipé : nous aurons à voir les limites apportées à sa capacité en ce qui concerne l'administration de sa fortune mobilière, les mesures protectrices prises par la loi dans son intérêt.

CHAPITRE PREMIER.

DES MINEURS EN TUTELLE.

C'est seulement aux enfants qui ont perdu leur père ou leur mère que la loi donne un tuteur, c'est-à-dire une personne chargée de prendre soin de leurs intérêts. Cette mission qui s'impose comme un devoir moral aux parents, aux alliés et même aux amis de l'orphelin a été érigée par le législateur en une obligation civile. Le Code civil nous indique, en effet, à qui et dans quel ordre la tutelle est déférée et énumère les cas dans lesquels les personnes ainsi appelées peuvent se soustraire à cette charge. Mais ce sont là des questions qui ne rentrent pas dans le cadre de notre travail. Nous supposons le tuteur régulièrement nommé, et c'est uniquement de sa gestion que nous avons à traiter. C'est le tuteur qui a l'administration des biens du mineur et par conséquent de sa fortune mobilière.

En droit romain, les actes intéressant les biens du pupille étaient accomplis par le tuteur lui-même, agissant seul, ou par l'impubère dont la capacité était alors complétée par l'*auctoritas tutoris*.

Dans notre droit actuel, au contraire, c'est le tuteur qui figure seul, en sa qualité de tuteur, dans tous les actes qui intéressent le mineur. Il représente le pupille dans tous les actes de la vie civile (Art. 450) : il agit dans tous les cas comme son mandataire légal. Sans doute, pour certains actes exceptionnels, qui impliquent une manifestation plus individuelle et plus directe de la volonté, c'est le mineur qui doit paraître et agir en personne :

mais là encore, nous ne trouvons rien de semblable à
l'*auctoritas tutoris* des Romains. Pour quelques-uns de
ces actes, comme le testament ou la reconnaissance d'un
enfant naturel, le pupille agit complètement seul ; pour
d'autres, comme le mariage, il est bien assisté, mais ce
n'est pas par son tuteur.

Ainsi donc, pour nous en tenir à ce qui concerne le
patrimoine mobilier du mineur, c'est le tuteur qui fait
tous les actes qui s'y rapportent. C'est lui qui vend, lui
qui achète, c'est lui qui paie les dettes du pupille, qui
recouvre ses créances, qui a le maniement de tous ses
deniers. Il est facile de comprendre combien ces attributions offrent de dangers pour la fortune et les intérêts
du pupille : le tuteur peut être incapable, négligent ou
même malhonnête. Le législateur a le droit de se montrer
soupçonneux à cet égard et de prendre toutes les mesures
nécessaires pour protéger, contre ces éventualités possibles, les biens de l'incapable. Est-ce à dire qu'une bonne
législation doive entourer la gestion du tuteur de formalités minutieuses et trop compliquées ? L'excès de protection peut être nuisible : il faut prendre garde de gêner
outre mesure, de paralyser l'administration du tuteur par
des prescriptions trop nombreuses ; il faut éviter les
formalités coûteuses en présence d'intérêts de peu d'importance afin de ne pas ruiner le pupille, en voulant
lui conserver sa fortune.

Nous aurons à voir si les règles de la loi française ont
su tenir compte de ces deux intérêts. En confiant au
tuteur la gestion des biens du pupille, le législateur a
pris des mesures de deux sortes :

1° Il exige des garanties de bonne gestion et de restitution, et dans ce but, impose au tuteur certaines obligations ;

2° Il définit et limite les pouvoirs de cet administrateur.

Nous allons étudier dans deux sections successives les prescriptions de notre loi : les unes sont communes à la fortune immobilière et à la fortune mobilière ; les autres sont spéciales à la fortune mobilière. Ces dernières seront l'objet d'un examen plus approfondi.

SECTION I.

Des prescriptions de la loi pour assurer la bonne gestion et la restitution de la fortune mobilière du mineur.

§ 1. — *Des autorités chargées de contrôler et de surveiller la gestion du tuteur.*

Quelque confiance que puisse inspirer le tuteur, la loi s'est méfiée avec raison d'une volonté unique et souveraine : elle n'a pas voulu le laisser administrer avec un pouvoir absolu, sans contrôle et sans surveillance. Toutes les législations (1) ont reconnu cette nécessité de placer à côté du tuteur une autorité chargée de protéger le mineur contre les abus de pouvoir de son représentant, et d'aider ce dernier de ses conseils et de ses lumières dans les actes les plus importants. Nous avons vu comment la législation romaine avait obligé le tuteur de s'adresser à la puissance publique, représentée par le magistrat, d'abord pour l'aliénation des immeubles du pupille, plus tard pour celle de certains meubles précieux (L. 22. C. *De adm. tut.* V, 37). — En Allemagne, la gestion des tuteurs est sous la surveillance d'une autorité spéciale, appelée *Collège des pupilles* ; en Angleterre, c'est la *cour d'équité* qui est char-

(1) Voir les diverses autorités à qui cette mission est confiée dans les divers pays dans l'ouvrage de M. Anthoine de Saint-Joseph (Introduction, p. 32.

gée de restreindre et de contrôler les pouvoirs des tuteurs (1).

Notre code civil, dans cet ordre d'idées, a emprunté au
droit coutumier, l'institution du conseil de famille (2). A côté
du tuteur, pouvoir exécutif de la tutelle, se trouve placé
un corps délibérant qui forme, pendant toute la minorité,
une sorte de tribunal domestique auquel doivent être soumises les affaires les plus importantes. C'est le conseil de
famille, composé de parents ou alliés, ou même d'amis du
mineur, pris moitié dans la ligne paternelle moitié dans la
ligne maternelle, et présidé par le juge de paix. (Art. 407)
« Cette composition du conseil de famille garantit les sentiments affectueux qui doivent l'animer : le juge de paix
qui le préside lui donne la direction de l'impartialité 3). »

Nous n'avons pas à nous étendre davantage sur la
composition du conseil de famille. Quant à son rôle, il est
des plus considérables. Pour ne parler que de ce qui fait
l'objet de notre étude, nous le verrons intervenir plusieurs
fois, en commentant les dispositions de la loi, relatives à
la fortune mobilière du mineur. En cette matière, c'est
par voie d'autorisation donnée au tuteur, que cette assemblée de parents exerce ses attributions : nous devons aussi
signaler un cas où le conseil de famille est appelé à
donner son *avis*, c'est-à-dire son sentiment sur une question qui lui est soumise par le tribunal. Nous voulons
parler de l'hypothèse prévue par l'art. 2143 du Code civil :
le tuteur demande que l'hypothèque légale qui le frappe
soit réduite aux immeubles suffisants pour opérer une
pleine garantie en faveur du mineur. La loi veut qu'avant
de se prononcer, la justice consulte le conseil de famille.

(1) Westoby, *Résumé de la législation anglaise*, p. 29.

(2) Argou. *Institution du droit Français*, 1, p. 48.

(3) Discours de M. *Leroy* au Corps législatif dans Locré, t. 7, p. 276.

Mais le conseil de famille ne constitue pas un corps permanent. Il faut le convoquer, chaque fois que son intervention est nécessaire. Sa composition peut varier au cours de la tutelle. Enfin, il n'est appelé à jouer son rôle de surveillant que dans certains cas, et pour les actes les plus importants. Mais il est une autre autorité qui est appelée à exercer une protection plus étendue et de tous les instants : c'est le *subrogé tuteur*. Comme le conseil de famille, le subrogé tuteur est d'origine coutumière (1). Ferrière, dans l'art. 19 du titre des tutelles (*Nouvelle institution coutumière*) s'exprime ainsi : « Tuteur subrogé est toujours élu conjointement avec le tuteur gérant.... ».

La fonction du subrogé tuteur est double. Il doit d'abord agir pour les intérêts du pupille, lorsqu'ils sont en opposition avec ceux du tuteur. En pareil cas, le droit romain, dont la pratique s'était continuée dans les pays de droit écrit, nommait au mineur un curateur *ad hoc* dont la mission finissait avec la cause qui l'avait rendue nécessaire : notre droit moderne a préféré adopter l'usage des coutumes qui donnaient au pupille un contradicteur permanent du tuteur : mieux au courant des affaires de l'incapable, il est plus à même, en effet, de le défendre efficacement.

Le second rôle du subrogé tuteur est une mission de surveillance permanente et générale. Tant le Code civil que la loi nouvelle, lui font un devoir d'assister à certains actes passés par le tuteur ; de s'assurer que certaines prescriptions de la loi ont été remplies. En ce qui concerne notamment la gestion de la fortune mobilière, la présence du subrogé tuteur et son intervention est souvent nécessaire. Nous devions donc dire quelques mots

(1) Voir l'art. 240 de la coutume de Paris.

de cet agent, qu'on trouve dans toute tutelle, au début de ce travail.

Pour mieux assurer cette protection, la loi prend les mesures nécessaires, pour que la nomination du subrogé tuteur ait lieu avant que le tuteur se soit immiscé dans la gestion.

S'agit-il d'une tutelle dative, le conseil de famille doit nommer le subrogé tuteur, immédiatement après le tuteur (art. 422). S'agit-il d'une tutelle légale ou testamentaire, la première obligation du tuteur est de faire convoquer le conseil de famille pour la nomination d'un subrogé tuteur (art. 421). L'art. 421, dans son second alinéa, indique la sanction de cette obligation : si le tuteur s'est ingéré dans la gestion avant d'avoir rempli cette formalité, et qu'il y ait eu dol de sa part, il pourra être destitué de la tutelle et, suivant les cas, condamné à des dommages-intérêts envers le pupille. On s'est demandé si les tiers, avec qui voudrait traiter le tuteur, pourraient lui opposer le non-accomplissement de cette formalité ? La doctrine et la jurisprudence sont d'accord pour répondre à cette question. S'agit-il d'un acte pour lequel la présence du subrogé tuteur n'est pas nécessaire, les tiers ne peuvent se prévaloir de cette circonstance pour opposer au tuteur une fin de non-recevoir. C'est ce qu'a décidé sagement la cour de Riom, dans un arrêt du 1er mars 1817, contre un débiteur du pupille qui refusait de payer, sous le prétexte que le tuteur n'avait pas satisfait aux prescriptions de l'art. 421 du Code civil. La cour fait remarquer avec raison, que c'est au tuteur et non aux tiers, que la loi impose l'obligation de faire nommer un subrogé tuteur : dès lors, les tiers ne sauraient être responsables de ce défaut de nomination et par conséquent ne peuvent s'en plaindre.

Au contraire, pour les actes qui nécessitent la présence
du subrogé tuteur, un tiers aurait qualité pour demander
l'accomplissement de cette formalité ; mais, s'il passe
outre, il ne pourrait plus tard se prévaloir de cette cause
pour agir en nullité. C'est dans l'intérêt des mineurs,
en effet, et non dans celui des tiers que la loi exige
l'intervention de ce surveillant du tuteur. C'est ce qu'a
décidé la cour de cassation dans un arrêt en date du
4 juin 1818 (Sirey, 1819. 1. 240).

Pour faciliter la surveillance de la gestion tutélaire,
par le subrogé tuteur, la loi a prescrit certaines mesures
que nous devons connaître.

C'est d'abord, aux termes de l'art. 470, l'obligation
dont peut être tenu le tuteur, durant la tutelle, de
remettre au subrogé tuteur des états de situation de sa
gestion, aux époques que le conseil de famille aurait jugé à
propos de fixer, sans néanmoins que le tuteur puisse
être astreint à en fournir plus d'un chaque année.

Remarquons que cette obligation n'est imposée qu'au
tuteur autre que le père et la mère. La loi a pensé que leur
affection pour leur enfant donnait une garantie suffisante
et qu'il y aurait quelque chose de vexatoire à exiger d'eux
l'accomplissement de cette formalité. Toutefois la jurisprudence a décidé que cette dispense ne s'applique pas à la
mère remariée et confirmée dans la tutelle par le conseil de
famille, conformément à l'art. 395. Dans ce cas en effet la
mère tient sa mission non plus de la loi, mais du conseil
de famille qui peut mettre à sa nomination les conditions
qu'il juge nécessaires. D'ailleurs ces états de situation peuvent être exigés du mari cotuteur et la mère est soumise
aux mêmes obligations que lui (Cass. 5 mai 1856).

Cette décision nous semble contestable. En effet ce n'est
pas aux tuteurs légaux que la loi accorde cette dispense,

mais au père et à la mère sans aucune distinction. Tout ce qui touche à l'organisation de la tutelle est d'ordre public et nous ne voyons pas comment le conseil de famille pourrait y déroger.

Une seconde disposition destinée à éveiller l'attention du subrogé tuteur est celle de l'art. 444 du code de procédure qui déclare que les délais de l'appel ne courront contre les mineurs non émancipés que du jour où le jugement aura été signifié au subrogé tuteur, encore que ce dernier n'ait pas été en cause. — Cette signification ne donne pas au subrogé tuteur le droit d'interjeter appel, mais elle a pour but de lui faire connaître l'issue du procès, et de le mettre à même d'exciter le tuteur à faire réunir le conseil de famille pour prendre cette décision, s'il y a lieu.

Enfin pour que le contrôle du subrogé tuteur soit plus efficace, il faut qu'il soit complètement indépendant du tuteur. Dans ce but la loi déclare que le tuteur ne votera pas pour la nomination du subrogé tuteur et que ce dernier sera pris dans celle des deux lignes à laquelle le tuteur n'appartiendra pas. Une exception est faite pour le cas de frères germains. Une difficulté est soulevée sur l'étendue de cette exception : nous n'avons pas à y insister.

Ainsi donc, d'une manière générale, le subrogé tuteur est tenu de surveiller la gestion du tuteur. Est-il responsable de cette gestion ? On admet généralement que non. Cela résulte par *a contrario* de certains textes qui, dans des hypothèses spéciales, édictent cette responsabilité (Art. 421, 1442, 2137). On admet encore, par application des articles 1382 et 1383, qu'il pourrait être passible de dommages-intérêts envers le mineur, s'il s'était rendu coupable de dol ou d'une faute lourde. C'est ce qu'a décidé la cour de Paris contre un subrogé tuteur qui, non seulement avait laissé le tuteur commettre des détournements au préjudice

de son pupille, mais les avait même encouragés (Arrêt
du 1ᵉʳ mai 1807. Sirey, 1807. 2. 89).

Telles sont les autorités privées chargées de surveiller
la gestion du tuteur : l'autorité publique elle aussi intervient dans une certaine mesure pour contrôler les actes
du tuteur. — D'abord dans plusieurs cas, que nous aurons
à indiquer, les tribunaux sont appelés à homologuer les
délibérations du conseil de famille. Enfin les affaires concernant les mineurs sont sujettes à communication au ministère public (Art. 83 du Code de pr. civ.).

§ 2. — *Des scellés et de l'inventaire.*

L'apposition des scellés est une mesure conservatoire
tendant à prévenir les divertissements. Par ce moyen la
fortune mobilière des mineurs se trouve placée d'une
manière bien plus efficace sous la protection de la loi : aussi
l'art. 819 du code civil prescrit-il l'apposition des scellés,
s'il y a des héritiers mineurs, sur les effets de la succession.
Cette apposition doit avoir lieu dans le plus bref délai, soit
à la requête des héritiers, soit à la diligence du procureur
de la République près le tribunal de première instance, soit
d'office par le juge de paix.

L'art. 819 a été modifié en partie par l'art 911 du Code
de procédure civile : ce n'est que lorsque le mineur est
sans tuteur qu'il y a lieu à l'apposition des scellés.

Il importe que les effets mobiliers restent aussi garan-
tis contre tout divertissement, tant que le mineur n'a personne pour le défendre : aussi la loi déclare-t-elle qu'il
ne peut être procédé à la levée des scellés avant que le
mineur n'ait été préalablement pourvu d'un tuteur ou
émancipé (Art. 929 du Code de pr. civ.).

Au contraire, une fois que le tuteur est nommé, il importe que les scellés soient levés au plus tôt afin de pouvoir

constater les forces de la succession et de pouvoir administrer cette fortune de la manière la plus avantageuse pour le pupille. Aux termes de l'article 451, dans les dix jours qui suivent sa nomination, dûment connue de lui, le tuteur requerra la levée des scellés s'ils ont été apposés, et fera procéder immédiatement à l'inventaire des biens du mineur en présence du subrogé tuteur.

Nous n'avons rien à dire de la première obligation : quant à la nécessité de faire inventaire, elle doit être expliquée avec quelques détails. Cette obligation qui s'impose à tout tuteur, lors de son entrée en gestion, n'est pas une innovation des rédacteurs du Code : nous l'avons vue établie par le droit romain ; elle était également exigée par la pratique de nos coutumes. C'est là en effet une des mesures les plus importantes de la tutelle ; c'est en quelque sorte, comme le dit M. Demolombe, la base de toute administration tutélaire. Qu'est-ce que l'inventaire ? Quelle est son utilité ? Qui est tenu d'y faire procéder et dans quelle forme ? Quelle est la sanction du défaut d'accomplissement de cette formalité ? Telles sont les questions que nous avons à examiner au sujet de cette obligation imposée au tuteur.

L'inventaire est un acte contenant l'énumération descriptive et estimative des effets mobiliers appartenant au mineur, ainsi que l'énonciation et l'analyse sommaire de ses papiers. Quant à sa nécessité, elle se rattache à l'obligation imposée au tuteur de rendre compte de sa gestion : cet acte, en effet, a pour but de poser la base du compte que le tuteur aura à rendre plus tard. Une seconde utilité de l'inventaire, c'est de faire connaître exactement la consistance de la fortune du mineur. Cette connaissance est nécessaire d'abord pour proportionner les dépenses d'entretien et d'éducation du mineur à l'importance de son patrimoine, et ensuite pour savoir s'il convient de refuser ou d'accepter bénéficiairement la succession qui advient au pupille.

L'inventaire est donc un acte très important. Tous les tuteurs sont-ils tenus d'y faire procéder? Le doute pourrait venir du mot *nomination* dont se sert l'art. 451, d'où on pourrait induire que les tuteurs légitimes sont dispensés de cette obligation. Mais il est généralement admis que cette formalité s'impose à tous les tuteurs sans aucune distinction : son utilité se présente, en effet, dans un cas comme dans l'autre. De plus, quand la loi, en notre matière, veut faire une exception aux prescriptions qu'elle édicte, elle a soin de le dire expressément. Enfin, il résulte des travaux préparatoires du Code que le législateur a posé une règle tout à fait générale.

« La disposition, disait le rapporteur, doit s'appliquer au tuteur de plein droit, comme au tuteur élu (1). »

Mais cette obligation de faire inventaire est-elle si essentielle que le père de famille ne puisse dispenser le tuteur de cette formalité, ou même en interdire l'accomplissement pour éviter des frais au pupille? M. Troplong admet sans difficulté la validité de cette clause. « On » suppose, dit-il, que le testateur a été assez sage pour » n'avoir pas fait préjudice à son fils ; qu'il a placé sa » confiance dans un homme qui prendrait les intérêts du » pupille comme les siens propres ; que seulement il a » voulu écarter des formalités judiciaires qui sont coû- » teuses et mettent au grand jour le secret des fa- » milles (2). »

Les auteurs, qui adoptent sur ce point la solution de M. Troplong, font en général une distinction. Ils déclarent

(1) Locré., Lég. civ., t. VII, p. 225.
(2) Troplong, *Traité des donations et des Testaments*, t. 1, n° 262.

la clause nulle ou valable, suivant que le mineur est ou n'est pas héritier réservataire du disposant.

Dans cette opinion on s'appuie d'abord sur la disposition du droit romain, la loi 13, § 1 C. *Arb. tut.*, qui permet au testateur de dispenser le tuteur de faire inventaire.

On fait remarquer, en outre, et c'est ici l'argument sur lequel se fonde la distinction, que le disposant pouvait ne pas donner les biens au mineur et qu'en conséquence il a pu mettre à sa libéralité les conditions qu'il a jugées convenables. C'est là le système enseigné par MM. Toullier, Duranton, Delvincourt, Marcardé, etc.

L'opinion contraire, professée par MM. Demolombe, de Fréminville, Demante, Aubry et Rau et Laurent nous semble plus juridique. Nous pensons que dans aucun cas le tuteur ne peut être dispensé de faire inventaire et qu'on ne peut lui interdire une formalité, prescrite sans doute dans l'intérêt du mineur, mais qui est également utile au tuteur.

Quant à l'argument tiré du droit romain, il est considérablement ébranlé si l'on fait remarquer que nos anciens auteurs admettaient que le juge pouvait, quand il le croyait utile, obliger le tuteur à faire inventaire malgré la clause qui l'en dispensait (Guy-Coquille, art. 4 du titre des tutelles, Coutume du Nivernais).

D'autres coutumes allaient plus loin et déclaraient formellement que la confection de l'inventaire ne pourrait être défendue par testament (Art 307 de la coutume du Poitou).

Enfin, sous l'empire du Code civil, la question ne nous paraît plus douteuse et l'art. 6 qui défend de déroger, par des conventions particulières, aux lois qui intéressent l'ordre public et les bonnes mœurs, nous semble condamner d'une façon absolue le système que nous combattons.

La nécessité de l'inventaire intéresse en effet à la fois
l'ordre public et les bonnes mœurs : l'ordre public, car il
s'agit là d'une garantie établie dans l'intérêt d'un incapable ; les bonnes mœurs, car il s'agit d'une mesure prescrite pour éviter les détournements et les substitutions,
c'est-à-dire un fait immoral au premier chef.

Donc l'obligation de faire inventaire est forcée : elle
s'impose à tout tuteur sans aucune distinction ; aucune
autorité ne peut l'en dispenser.

Que si le mineur n'a rien ou si peu, que les frais de l'inventaire doivent absorber tout l'actif, il semblerait bien
que le tuteur devrait être dispensé d'une formalité inutile.
Cependant la loi ne fait aucune distinction, et même dans
ce cas il serait prudent pour le tuteur de faire dresser un
procès-verbal de carence.

L'inventaire ne doit pas être fait par acte sous seing
privé, mais par le ministère d'un notaire. Il en était ainsi
avant le code, d'après un règlement du 6 avril 1632, fait
pour Paris. L'inventaire devait être revêtu de toutes les
formes requises dans les actes devant notaires. Telle est
encore la marche à suivre aujourd'hui.

Quand les scellés ont été levés, la présence du juge de paix
n'est plus nécessaire : aucun texte ne l'ordonne ni ne l'autorise et il faut éviter tout ce qui contribuerait à augmenter les frais déjà si considérables pour les mineurs (Aix,
28 juillet 1830, Dalloz, 1831. 2. 24.)

Mais il n'en est pas de même du subrogé tuteur qui
doit nécessairement assister à l'inventaire : il y est le contradicteur légitime du tuteur. Est-ce à dire que le subrogé tuteur ne puisse se faire représenter par un fondé de
pouvoir dans cette opération importante ? C'est ce qu'a
soutenu M. Proudhon (De l'usuf., t. 1. n° 65), qui, sur l'autorité de Ferrière, conteste au subrogé tuteur le droit de

déléguer ses pouvoirs. Mais cette opinion, certainement exagérée, est demeurée isolée et l'on enseigne généralement que le subrogé tuteur peut se faire représenter par un mandataire. — En effet, à l'autorité de Ferrière on peut opposer celle de Pothier qui admet expressément la possibilité de cette représentation (De la Comm., n° 797) En outre le droit de déléguer existe partout où la loi ne l'a pas interdit.

Nous n'avons pas à nous étendre davantage sur les formalités de l'inventaire : il en est une cependant qui exige quelques explications. C'est l'obligation faite au tuteur par l'art. 451 2° al. de déclarer dans l'inventaire s'il lui est dû quelque chose par le mineur. C'est là une mesure de défiance contre la mauvaise foi des tuteurs. On a craint que le tuteur ne fît revivre frauduleusement une créance régulièrement éteinte, après s'être assuré que la preuve de la libération ne se trouvait pas parmi les papiers inventoriés. C'est pour prévenir ce te fraude qu'on oblige le tuteur à faire connaître à l'avance et, avant qu'il ait pris connaissance des papiers du pupille, son titre de créancier. La sanction est rigoureuse : c'est la perte de sa créance. Aussi pour ne pas atteindre les tuteurs honnêtes qui pourraient ignorer la loi ou oublier d'accomplir cette formalité, la loi oblige l'officier public à interpeller sur ce point le tuteur et à faire mention de cette réquisition au procès-verbal.

Le tuteur doit faire cette déclaration alors même que sa créance n'est pas liquide, seulement dans ce cas il n'est pas tenu naturellement d'indiquer le *quantum* de ce qui lui est dû. Mais il doit dénoncer sa qualité de créancier.

Ainsi l'art. 451 s'applique à tous les cas où le tuteur se trouve créancier du pupille à raison d'une dette née antérieurement à la tutelle, et qui a pu s'éteindre avant cette époque. Mais en dehors de là nous ne sommes plus dans les termes de cette disposition et nous ne pouvons étendre la déchéance qu'elle prononce.

Ainsi l'art. 451 ne s'applique pas à la veuve, tutrice légale de ses enfants mineurs, qui n'aurait pas déclaré qu'elle était créancière de la dot et de ses reprises matrimoniales. Dans ce cas, en effet, la fraude que veut prévenir notre texte n'est pas à craindre : la dette ne pouvait être payée avant l'ouverture de la tutelle. De même, il a été jugé que l'art. 451 ne pouvait être invoqué contre le père, qui a reçu de la mère un legs et qui ne l'a pas déclaré lors de l'inventaire (Cass., 10 février 1873, Sirey 1873. 1. 357).

Mais dès qu'on se trouve dans les termes de l'article, le défaut de déclaration emporte pour le tuteur déchéance de sa créance contre le pupille. Il est présumé n'être pas véritablement créancier, et cette présomption s'appuie sur son propre aveu. Nous nous trouvons alors dans les termes de l'art. 1352 qui n'admet aucune preuve contre la présomption de la loi, lorsque, sur le fondement de cette présomption, elle dénie l'action en justice. On admet cependant que si le tuteur avait juste sujet d'ignorer l'existence de sa créance ; par exemple si cette créance lui provenait d'une succession dont il ignorait l'ouverture à son profit, la présomption de la loi ne s'appliquerait plus et par suite la déchéance ne serait pas prononcée.

Telle est la sanction du défaut d'accomplissement de cette formalité. D'une manière plus générale, *quid juris* si l'inventaire n'a pas été dressé ? Sur ce point nous trouvons une sanction particulière pour un cas spécial : puis nous aurons à indiquer la sanction générale pour tout tuteur.

Le cas particulier est celui de l'art. 1442 : il s'agit du survivant de deux époux, qui, à la dissolution de la com-

munauté, n'a pas fait inventaire. La loi s'exprime ainsi :
« S'il y a des enfants mineurs, le défaut d'inventaire fait
perdre en outre à l'époux survivant la jouissance de leurs
revenus : et le subrogé tuteur qui ne l'a point obligé à
faire inventaire, est solidairement tenu avec lui de toutes
les condamnations qui peuvent être prononcées au profit
des mineurs. »

Ainsi faute par l'époux survivant d'avoir fait procéder
à l'inventaire exigé par la loi, la déchéance de l'usufruit
légal est encourue. Seulement remarquons que cette peine
particulière n'est prononcée qu'à raison du défaut d'inventaire : on ne pourrait donc prononcer la déchéance de
l'usufruit légal du père ou de la mère, par cela seul que
l'inventaire n'aurait pas été commencé dans les dix jours.
Le conjoint a trois mois pour commencer et parachever
cet inventaire : il peut même obtenir de la justice une
prorogation de délai, s'il y a lieu (Art. 1450 et 1458).

Une question controversée est celle de savoir si cette disposition est spéciale au régime de la communauté ou au
contraire peut être appliquée et étendue au cas où les
époux étaient mariés sous le régime dotal.

MM. Rodière et Pont, dans leur traité sur le contrat de
mariage, déclarent que l'accomplissement de la formalité de
l'inventaire est tout à fait indépendant du régime d'asso-
ciation conjugale sous lequel le mariage du survivant avait
été contracté, et ils appliquent la déchéance dans tous les
cas.

Mais la très grande majorité des auteurs se prononcent
en sens contraire. En effet, c'est un principe incontestable
de notre droit que les peines ne doivent pas être étendues
d'un cas à un autre.

MM. Rodière et Pont insistent cependant et tendent à
établir qu'ici la déchéance vise l'époux non pas en tant

que conjoint ci-devant commun, mais en tant que père
ou mère usufruitier légal : or, disent-ils, cette qualité lui
appartenant sous tous les régimes, l'article doit toujours
être également applicable. — A cela nous répondons que si
le législateur eût entendu poser une règle applicable à tout
usufruit légal, la place de cette déchéance était au titre de
la *Puissance paternelle*, ou bien au titre de l'*Usufruit*. En
édictant cette peine dans une section spéciale du titre du
Contrat de mariage, il a certainement voulu lui donner un
caractère exceptionnel.

Du reste l'origine même de cette disposition nous indique qu'elle ne doit s'appliquer qu'au régime de la communauté : on sait en effet qu'avant le code civil l'absence
d'inventaire entraînait continuation de communauté entre
le survivant et les enfants mineurs issus du mariage, si
tels étaient leur intérêt et leur volonté (Art. 240 et 241
de la coutume de Paris). Voulant couper court aux embarras et aux inconvénients d'un pareil état de choses, les rédacteurs du code ont substitué à cette sanction, source de
nombreuses complications, la peine que prononce l'art. 1442.
C'est donc seulement l'hypothèse de la communauté qui
a été visée par le législateur.

C'est là, du reste, la solution admise par la jurisprudence (Arrêt de la cour de Toulouse du 19 décembre 1839.
Dalloz, 1840. 2. 90).

Outre la perte de l'usufruit pour l'époux survivant, le
défaut d'inventaire, aux termes de l'art. 1442, engage
la responsabilité du subrogé tuteur. Ce dernier est en
faute pour n'avoir pas obligé le conjoint survivant à faire
inventaire, et il est solidairement tenu avec lui des condamnations prononcées en faveur des mineurs.

Enfin, et c'est ici la sanction générale du défaut
d'inventaire, applicable à tous les tuteurs, le mineur ou

ses représentants ont le droit de prouver par témoins, ou même par la commune renommée, la consistance des biens que le tuteur doit rendre.

Quant à l'admission de la preuve testimoniale, tout le monde est d'accord. C'est l'application pure et simple de l'art. 1348, qui permet cette preuve au créancier qui n'a pu se procurer une preuve littérale de l'obligation qui a été contractée envers lui.

En ce qui concerne la preuve par commune renommée, l'art. 1442 l'autorise pour le cas qu'il prévoit. Faut-il l'admettre dans tous les cas, et contre tout tuteur? M. Laurent éprouve quelques scrupules à cet égard.

« Cette preuve, dit-il, est tout à fait exorbitante du » droit commun : c'est donc une exception dans toute la » force du mot : or, les exceptions demandent un texte.... » Le législateur admet la commune renommée quand le » survivant des époux, commun en biens, ne fait pas » inventaire ; par analogie aussi, il aurait dû l'admettre » en faveur du mineur ; mais il ne l'a pas fait, et il nous » paraît difficile d'étendre par analogie une exception ».

Nous croyons pourtant, avec la majorité des auteurs, que ce genre de preuve est ici admissible. On peut l'induire non seulement de l'art. 1442, mais encore de l'art. 1415 et de l'art. 1504 : c'est la règle pour tous les administrateurs de la fortune d'autrui. Du reste, il en était ainsi dans l'ancien droit, et rien ne nous indique que les rédacteurs du Code aient voulu innover sur ce point.

§ 3. — *De la vente des meubles.*

L'inventaire a fait connaître au tuteur la consistance de la fortune du pupille, les divers éléments qui la composent. Son devoir est de la conserver et de l'augmenter si c'est possible. De là l'obligation qui lui est imposée par l'art. 452 de vendre dans un bref délai tous les meubles autres que ceux que le conseil de famille l'aurait autorisé à conserver en nature. Ce sont là en effet des biens d'une nature périssable, souvent dispendieux à conserver, sans grande utilité la plupart du temps et improductifs ; il est donc d'une sage administration de les convertir en argent, afin de faire des placements avantageux pour le pupille. Cette obligation existait déjà dans notre ancien droit : elle était expressément imposée aux tuteurs et curateurs par l'art. 102 de l'ordonnance d'Orléans de 1560.

Nous avons à examiner, à propos de cette obligation, dont nous avons indiqué les motifs, les mêmes questions qui se sont présentées à nous au sujet de l'inventaire. Nous devons voir quels sont exactement l'objet et l'étendue de cette obligation ; comment elle doit être remplie ; la sanction en cas d'inobservation.

Et tout d'abord quels sont les objets qui doivent être vendus ? En d'autres termes quel est le sens du mot *meubles* dans l'art. 452 ?

Il est d'abord évident que quoi qu'employé seul ici, ce mot ne saurait avoir la signification qu'indique l'art. 533. Pour s'en convaincre, il suffit de remarquer qu'il ne comprendrait pas certains meubles dont la vente est surtout nécessaire et urgente, comme les chevaux, équipages, denrées, etc.

Faut-il donc s'en référer à l'art. 533 et appliquer cette expression à tout ce qui est censé meuble corporel ou incorporel, d'après les règles établies par le titre *de la Distinction des biens ?*

C'est ce que soutenait M. Coin-Delisle dans un article de la *Revue critique de législation* (1859, t. 14. p. 103 et suiv.). Il déclarait que l'article avait une portée générale

et qu'il y a des meubles incorporels qui doivent être nécessairement vendus dans un temps voisin de l'ouverture
de la tutelle, tels qu'un fonds de commerce, un brevet
d'invention, le droit de nouvelle édition d'un ouvrage, les
dettes actives sans hypothèque ni fidéjusseur, etc.

On trouve dans le même sens quelques monuments de
la jurisprudence. La cour de Douai, par exemple, a décidé par un arrêt du 28 juin 1843 que le tuteur devait,
aux termes de l'art. 452, aliéner les créances et rentes sur
particuliers (Dalloz, 1844. 2. 41).

Mais la plupart des interprètes repoussaient cette manière
de voir et restreignaient aux meubles corporels l'obligation
du tuteur. Les motifs de la loi imposaient en effet cette solution. Ce sont les meubles corporels qui seuls se détériorent et
se déprécient par l'effet du temps. Il serait absurde de vendre
des capitaux placés, pour placer de nouveau le prix provenant de la vente. Enfin, en disant que quelques-uns de ces
meubles pourraient être conservés *en nature*, le législateur
semble bien avoir uniquement pensé aux meubles corporels.

Cette question n'offre plus aujourd'hui un grand intérêt
en présence de la loi de 1880 qui a posé les règles relatives
à l'aliénation des meubles incorporels des mineurs. Aujour-
d'hui le tuteur n'a plus le droit de vendre, de sa propre
autorité, ces meubles incorporels : c'est donc qu'il n'y est
pas obligé.

Mais en principe le tuteur doit vendre tous les meubles
corporels du pupille. A cette règle la loi apporte deux
exceptions.

1°. D'abord il peut se faire qu'il soit utile ou convenable
de conserver certains meubles. La loi autorise le conseil
de famille à permettre au tuteur de conserver en nature
quelques-uns de ces biens : cela peut être nécessaire eu égard

à la position sociale du mineur, à l'état auquel il se destine, enfin à diverses autres circonstances que les parents, assemblés à cet effet, auront à apprécier.

Cette autorisation que peut donner le conseil de famille, le testateur, lui, pourrait-il la donner valablement ? Léguant des meubles au pupille, pourrait-il dispenser le tuteur de les convertir en argent ? On décide assez généralement qu'une pareille autorisation ne serait pas suffisante. En effet, dit-on, les règles qui organisent l'administration de la tutelle participent du droit public, et il n'est pas permis d'y déroger.

L'opinion contraire compte cependant quelques partisans et nous serions enclin à l'adopter. Nous croyons en effet que la question de savoir si les meubles doivent être vendus ou conservés en nature est toute d'intérêt privé et qu'il n'y a pas ici, comme pour l'obligation de faire inventaire, une question intéressant l'ordre public. La loi permet au conseil de famille de dispenser le tuteur de cette obligation : nous ne voyons pas pourquoi on refuserait ce droit au testateur.

L'ancien droit admettait la validité de cette clause. Le président de Lamoignon, dans ses arrêtés (1) dit qu'il n'y a pas lieu à vendre les meubles, si le père ou la mère du mineur a, par testament ou tout autre acte, ordonné leur conservation en nature. — « Cette décision, dit M. Frémin- » ville, adoptée sous l'empire de l'ancien droit qui permet- » tait d'entraver la libre disposition des biens (comme » par exemple dans les substitutions) ne se trouve plus » en rapport avec notre code civil qui consacre le principe » contraire, celui qu'on ne peut porter atteinte au droit de » disposer librement des biens dont la propriété est ac- » quise. »

(1) Tit. de la tutelle, art. 70.

Cette observation ne nous semble pas complètement juste. Il ne s'agit pas ici d'autoriser cet enchaînement de la propriété, cet anéantissement de la libre disposition que l'on rencontre dans les substitutions, et que le législateur a eu raison de prohiber. Nous n'entendons pas mettre les meubles dont il s'agit hors du commerce : le pupille devenu majeur pourra parfaitement les aliéner. Les créanciers du mineur pourront très bien les faire vendre. Il s'agit tout simplement d'autoriser le testateur à soustraire le tuteur à une obligation qu'il croit plus nuisible qu'utile au pupille. L'ancien droit le permettait et nous ne voyons pas de bonne raison pour le défendre dans l'état actuel de notre législation.

2° La seconde exception a trait aux meubles qui se trouvent soumis à l'usufruit légal du père ou de la mère chargés de la tutelle. Aux termes de l'art. 453 les père et mère, tant qu'ils ont la jouissance propre et légale des biens, sont dispensés de vendre les meubles, s'ils préfèrent les garder pour les remettre en nature.

C'est là une conséquence de leur droit de jouissance légale (art. 587). On ne peut les forcer de convertir en argent des biens dont ils ont le droit de retirer tous les avantages. Cette observation va nous servir à limiter exactement la portée de notre exception. Elle ne s'appliquerait pas au père ou à la mère qui, pour une cause quelconque, n'aurait pas ou n'aurait plus la jouissance légale. En conséquence, dès que le mineur a atteint l'âge de dix-huit-ans, le père ou la mère est soumis à l'obligation de vendre les meubles dont il n'a plus l'usufruit. S'il veut les conserver en nature, il doit faire convoquer le conseil de famille pour obtenir l'autorisation qui lui est nécessaire à cet égard.

Ce n'est donc que l'usufruitier qui est autorisé en principe à conserver les meubles en nature. S'il prend ce parti, il est obligé d'en faire faire, à ses frais, une estimation à juste valeur, par un expert qui sera nommé par le subrogé tuteur et prêtera serment devant le juge de paix (Art. 453. 2ᵉ al.). — Il est nécessaire, en effet, de constater la valeur actuelle de ces meubles, soit en vue de la restitution en nature, pour qu'on puisse apprécier alors les détériorations provenant de la faute de l'usufruitier ; soit surtout en vue du cas où la représentation en nature ne pourrait avoir lieu, car alors il faudrait payer en argent et c'est cette valeur qui devrait être payée.

Remarquons que cette estimation doit être faite par un expert, nommé par le subrogé tuteur. Cet expert peut être choisi parmi les simples particuliers. Rien n'indique en effet qu'on doive nécessairement s'adresser à un officier priseur et l'art. 453, en exigeant que l'expert choisi prête serment devant le juge de paix, paraît bien indiquer que son choix n'est pas restreint à des officiers publics qui sont déjà assermentés. Nous avons en ce sens deux arrêts, l'un de la cour de Nîmes du 22 février 1837, l'autre de la cour de Rennes du 14 janvier 1835 (Sirey, 1837. 2. 179).

Cette estimation est nécessaire, bien que les meubles aient été déjà estimés dans l'inventaire, parce que cette première prisée n'est qu'une sorte de mise à prix, sans exactitude bien grande. Ici, au contraire, il faut exactement déterminer la valeur que les père et mère auront à rendre plus tard. En effet, aux termes de l'art. 453, ils rendront la valeur estimative de ceux des meubles qu'ils ne pourraient représenter en nature.

Ces derniers mots de l'art. 453 ont donné lieu à une question qui divise encore les auteurs.

Quelques-uns s'en tenant littéralement au texte de l'article 453 soutiennent que les père ou mère sont respon-

sables des pertes ou dégradations survenues même par
cas fortuit ou par le seul effet de l'usage. Dans cette opinion le droit de l'usufruitier paternel ne serait pas le même
que celui de l'usufruitier ordinaire. Dans un cas les risques seraient pour le propriétaire : dans l'autre pour l'u-
sufruitier. Voici les arguments principaux sur lesquels se
fonde ce système :

1° C'est d'abord la différence de rédaction entre l'art.
453 d'une part et l'art. 589 d'autre part.

2° On invoque en second lieu la tradition des provinces
coutumières en matière de garde noble : « La jouissance
du gardien, dit Bourjon, embrasse les meubles appartenant au mineur : mais comme sa jouissance ne doit pas
diminuer le fonds, il est obligé de faire la vente des meubles, et la jouissance se réduit à jouir du prix d'iceux. »
(Droit commun de la France, t. 1, p. 835.)

3° Enfin ce système serait la conséquence de la faveur
accordée au père ou à la mère de conserver les meubles
en nature, au lieu de les convertir en argent.

Malgré ces raisons, et quelque considérables que soient
les autorités (1) sur lesquelles s'appuie ce système, nous
préférons adopter l'opinion contraire qui est défendue,
elle aussi. par les auteurs les plus estimés 2).

Quelle est, en effet, la situation des père et mère ? Ils
sont débiteurs d'un corps certain. Le droit commun, c'est
donc leur libération en cas de perte, par cas fortuit
(Art. 1302). Ce principe de droit commun, la loi l'a formellement appliqué à l'usufruitier ordinaire : il faudrait

____

(1) De Fréminville. *Traité de la tutelle*, t. 1, n° 239. — Demolombe,
t. 6, n° 524. — Proudhon. *De l'Usufruit*, t. 5, n° 2610. — Aubry et Rau,
t. 1, p 451.

(2) Demante, t. 11, n° 211 bis. III. — Valette, *Cours de Code civil*,
p. 535. — Arnlz, *Cours de droit civil français*, t. 1, p. 363. — M. Bufnoir,
à son cours.

un texte plus formel que l'art. 453, pour prétendre que le législateur y a dérogé, au détriment du père ou de la mère, investi de la jouissance légale. Cela est d'autant moins admissible, qu'il s'agit là d'un débiteur que la loi a traité d'ailleurs avec la plus grande faveur, qu'elle dispense par exemple de donner caution (Art. 601).

Quant à la garde noble que M. Demolombe invoque en sa faveur, nous croyons qu'on ne peut en tirer aucun argument. En effet, en ce qui concerne les droits du gardien sur les meubles, les coutumes étaient fort divergentes. Dans certaines coutumes même, le gardien s'attribuait en propriété tous les meubles du mineur, sans en rendre compte, si bien qu'un jurisconsulte avait pu qualifier la garde de *deprædatio bonorum pupilli* (Denisart, Garde, n° 1. — Pothier, Intr. au titre des fiefs. n° 315).

On ajoute que c'est par faveur que le père ou la mère sont autorisés à conserver les meubles en nature. Nous avons montré que c'était là une conséquence nécessaire de leur titre d'usufruitier.

Le système contraire conduirait d'ailleurs à des conséquences inadmissibles. Comment? « Les père et mère. » dit M. Valette, rempliraient leur obligation en rendant » le cheval, vieilli sans doute, mais encore vivant, le linge » usé, mais non encore en lambeaux. Qu'un incendie, » survenant la veille de la remise de ces objets, détruise » ce mobilier si détérioré, le mineur recevrait donc » l'estimation faite à l'ouverture de la tutelle, estimation » qui est peut-être quatre ou cinq fois égale à la valeur » actuelle! L'accident serait pour lui un bénéfice, ce qui » est inadmissible. »

Concluons donc qu'il est à la fois plus conforme aux principes et à l'équité de décider que les père et mère ne sont obligés de payer l'estimation que si la perte est le résultat de leur faute ou de leur dol.

Nous avons à aborder maintenant notre seconde question : dans quelles formes le tuteur doit-il vendre les meubles du pupille ?

Le tuteur doit d'abord remplir cette obligation dans un certain délai : dans le mois qui suivra la clôture de l'inventaire. On a jugé cependant que ce délai n'était pas de rigueur, et que le tuteur n'encourait aucune responsabilité s'il avait retardé la vente des meubles dans l'intérêt du mineur (Cass., 8 déc. 1824. Sirey 1825. 1. 199). Dans l'espèce, le tuteur avait retardé la vente de bestiaux et ustensiles aratoires, nécessaires pour achever la culture de biens du pupille, qui, vu l'époque de l'année, n'avaient pu encore être affermés. Dans ces conditions, la cour a décidé que le tuteur avait agi en bon père de famille, et que, par conséquent, sa gestion n'était à cet égard susceptible d'aucun reproche.

Quant à la forme de la vente, la loi nous dit, dans l'art. 452, que la vente doit avoir lieu aux enchères reçues par un officier public, après des affiches et publications dont le procès-verbal fera mention, et en présence du subrogé tuteur. Mais l'art. 452 du Code civil se suffit-il à lui-même ou doit-il être complété par les dispositions du Code de procédure civile, qui règlent la vente des meubles ? Nous pensons, quoique le système contraire ait trouvé quelques partisans, que les règles du Code de procédure sont ici les auxiliaires exigés du Code civil. Dans le Code civil, le législateur a posé les principes nécessaires : il s'en est référé au Code de procédure qu'il ferait plus tard pour les détails de forme. Du reste, l'art. 952 dit expressément que les formalités indiquées par le Code de procédure seront applicables, quand il y aura des incapables parmi les parties.

Si le tuteur avait vendu les meubles sans les formalités requises, il serait responsable envers le mineur du dommage qui pourrait en résulter pour lui.

Mais que décider si le tuteur n'a pas vendu du tout, s'il a négligé de remplir l'obligation que lui impose l'art. 452 du Code civil ? Le Code n'indique aucune sanction. Il faut donc résoudre la question au moyen des principes généraux. La loi a posé une obligation dans l'intérêt des mineurs : elle n'est pas remplie, le tuteur doit réparation du préjudice qui en résulte pour le mineur. Pour cela la cour devra comparer la situation pécuniaire qui aurait été faite au mineur si la vente avait eu lieu et celle qui lui est faite par suite du non-accomplissement de cette formalité. C'est en ce sens que la question a été jugée par un arrêt de la Cour de cassation du 9 juillet 1866 (Dalloz, 1866. 1. 385).

Nous n'avons parlé que des meubles corporels : quant à l'aliénation des meubles incorporels, nous en indiquerons les formalités quand nous traiterons, dans la seconde partie de ce travail, des pouvoirs du tuteur.

§ 4. — *De l'obligation imposée au tuteur de convertir les titres au porteur en titres nominatifs.*

Les titres au porteur, très rares autrefois, sont de nos jours d'un usage très fréquent. Ce qui distingue la valeur au porteur de la valeur nominative, c'est que dans la première le droit est attaché à la possession même du titre qui le constate. L'usage des titres au porteur s'applique notamment aux rentes sur l'État, aux effets publics des gouvernements étrangers, aux actions ou obligations émises par les sociétés financières ou industrielles de la France ou de l'étranger.

Cet usage offre de grands avantages pour la négociation de ces valeurs, qui peuvent se transmettre de la main à la main, par la simple remise du titre qui les représente. Mais cette forme peut présenter aussi de grands dangers par la facilité qu'elle donne de certaines fraudes. Aussi M. de Folleville a-t-il pu dire : « Il en est d'eux comme de la langue qu'Ésope, suivant l'histoire, présenta un jour à son maître Xanthus comme la meilleure chose du monde et le lendemain la pire des choses qui soit ici-bas (1). ».

Les inconvénients de ces valeurs se présentent particulièrement pour les mineurs dont la fortune se trouve entre les mains d'un tuteur qui peut être infidèle.

Que de dangers à redouter en effet pour les intérêts du mineur d'une transmission si commode et qui ne laisse aucune trace ! Combien les détournements sont faciles ! Sans parler du cas assez fréquent cependant où l'inventaire ne constate pas avec détail tous les titres du mineur, comment déterminer, en cas de cession, le prix de la vente qui ne pourrait être fixé, d'après le cours de la Bourse, qu'autant que le jour de cette vente serait parfaitement établi ? N'est-il pas à craindre encore que le tuteur ne se laisse entraîner par les séductions de l'agiotage et des jeux de bourse et n'essaie de réaliser des bénéfices personnels avec les valeurs de son pupille qu'il a entre les mains ?

Ces dangers étaient surtout évidents, avant la loi nouvelle, sous l'empire d'une jurisprudence qui reconnaissait, en principe, au tuteur le droit de vendre, sans aucune autorisation, les valeurs mobilières, qui appartiennent au mineur. Nous verrons que la législation a été modifiée sur ce point par la loi de 1880. Mais le remède aurait été insuffisant si

______

(1) *Traité de la possession des meubles et des titres au porteur.* — Introduction.

l'on eût autorisé la forme au porteur. Malgré la défense
de la loi, rien n'eût été plus facile au tuteur que d'aliéner
ces valeurs de son plein gré et le tiers détenteur de bonne
foi n'aurait eu rien à redouter, grâce à la présomption de
l'art. 2279.

Pour prévenir ces fraudes et parer à ces dangers, la loi
du 27 février 1880 impose au tuteur une obligation toute
nouvelle, celle de convertir les valeurs au porteur en titres
nominatifs dans les trois mois de l'ouverture de la tutelle,
ou de l'attribution définitive, ou de la mise en possession
de ces valeurs, si elles sont échues au mineur depuis l'ouverture de la tutelle (Art. 5 de la loi du 27 février 1880).

Voilà donc une nouvelle garantie donnée au mineur
contre la mauvaise gestion ou l'infidélité du tuteur. Le
législateur veut, autant que faire se peut, que les valeurs
qui échoient à l'incapable soient, dans un bref délai, ins-
crites à son nom. Il semble que cette mesure, pleine
de prévoyance, soit à l'abri de toute critique. Il n'en est
rien pourtant. On lui a reproché d'augmenter outre mesure
les frais que le mineur a à supporter. La conversion en
effet est frappée d'un impôt que cette obligation du tuteur
fera peser sur le mineur. Aussi, dans la séance du Sénat
du 24 mai 1878, M. de Gavardie faisait-il dans ce sens le
procès à cette disposition (Journal officiel du 25 mai 1878).

Malgré ces critiques la disposition a été maintenue, et
avec raison, à notre avis. C'est en effet le seul moyen
d'éviter que le tuteur ne puisse éluder les autres dispositions de la loi: c'est une sauvegarde nécessaire contre
des spoliations possibles.

Étudions maintenant l'étendue exacte de cette prescription, les exceptions qu'elle comporte.

Remarquons d'abord que cette obligation incombe au
tuteur non seulement pour les valeurs mobilières qui se

trouvent dans le patrimoine du pupille au début de la tutelle, mais encore pour celles qu'il peut recueillir plus tard par succession, legs ou donation.

C'est, en principe, dans le délai de trois mois que la conversion doit avoir lieu. Le point de départ du délai est l'ouverture de la tutelle, ou la mise en possession de ces valeurs pour le tuteur. Sur ce dernier point le projet du gouvernement faisait courir le délai du jour de l'acquisition. Mais on fit observer que l'ouverture d'une succession peut ne pas conduire immédiatement le tuteur à la mise en possession des biens de son pupille. « Ce pupille, en » effet, peut avoir des cohéritiers ou des cointéressés. » Une instance en compte et partage peut être de longue » durée en sorte qu'il nous à paru nécessaire de dire que » le délai ne commencerait à courir qu'à partir de l'attri-» bution définitive ou de la mise en possession des va-» leurs. (1). »

La loi autorise pourtant le conseil de famille à fixer, s'il le juge utile, un terme plus long pour la conversion.

Le conseil de famille, à qui la loi de 1880 a donné des attributions plus étendues que celles qu'il avait, d'après le Code civil, peut, s'il le juge nécessaire ou utile, ordonner l'aliénation de ces valeurs au lieu de leur conversion. C'est ce qui résulte de l'art. 5 de notre loi qui n'impose au tuteur l'obligation de convertir que les titres au porteur *dont le conseil de famille n'aurait pas jugé l'aliénation néces-saire ou utile.*

Il peut se faire en effet que l'aliénation soit plus avantageuse pour le pupille, par exemple s'il s'agissait de valeurs étrangères dont le transfert devrait être opéré hors de France.

(1) Rapport de M. Denormandie. Ce rapport, que nous aurons souvent à citer, se trouve au *Journ. officiel* du 7 mai 1878.

Voilà donc une première exception au principe d'après lequel le tuteur est obligé de convertir. En voici une seconde.

Il s'agit du cas où des titres au porteur ne peuvent recevoir la forme nominative. Certaines compagnies en effet ne veulent pas s'astreindre à la tenue d'un grand livre de leurs dettes. Une société peut, en émettant des actions ou obligations au porteur, stipuler que ces valeurs ne pourront être converties en titres nominatifs (Art. 5. § 4 de la loi de 1880).

Enfin une troisième exception résulte du dernier paragraphe de cet article 5. Il est ainsi conçu : « *Les délais ci-dessus ne seront applicables que sous la réserve des droits des tiers et des conventions préexistantes.* »

Afin de dégager, si c'est possible, le sens exact et la portée de cette disposition, nous reproduisons l'observation qui en a amené la rédaction. Lors de la première délibération de la loi devant le Sénat, M. Raoul Duval s'exprimait en ces termes : « Il y a des circonstances où le » tuteur pourra se trouver dans l'impossibilité absolue de » se conformer à la présente loi et de convertir en titres » nominatifs les titres au porteur appartenant à son mi- » neur, sans violer les contrats antérieurement faits et » constituant, au profit des tiers, des droits que ceux-ci ne » seront pas disposés à abandonner. Je suppose, et ma » supposition est un fait, car je connais des circonstances » où la supposition est une réalité, je suppose qu'un tu- » teur a, dans l'actif de ses mineurs, soit par voie de suc- » cession, soit autrement, une série de valeurs au » porteur, et qu'il soit, par suite d'une convention d'indivi- » sion, survenue antérieurement, obligé de subir l'indivi- » sion jusqu'à l'expiration du délai fixé par la conven- » tion,.... si ces titres ont été donnés en gage, en nantis-

» sement, s'ils appartiennent à un usufruitier, aurez-vous
» la prétention de briser ces conventions et d'obliger le
» tuteur à aller, au mépris de ces conventions, reprendre
» les titres, les aliéner, les anéantir ? (1) »

C'est pour donner satisfaction aux préoccupations de
M. Raoul Duval, dit le rapporteur, que ce dernier paragraphe a été ajouté à l'article 5.

Ainsi le tuteur est dispensé de convertir, car cette conversion porterait atteinte à des tiers. L'honorable sénateur,
dont nous avons reproduit les paroles, indiquait quelques.
cas où cet obstacle à la conversion pouvait se présenter.
Essayons de préciser les hypothèses auxquelles il faisait
allusion.

(A) L'orateur a d'abord supposé une convention d'indivision. L'hypothèse ne nous semble pas bien pratique.
Voici pourtant un cas qui pourrait se rencontrer. Deux
personnes ont acquis ensemble des valeurs au porteur
et sont convenu, conformément à l'art. 815, de rester dans
l'indivision. Cette convention les lie pendant cinq ans,
elles et leurs héritiers (Art. 1122). L'un des cointéressés
meurt, dans les délais, laissant comme héritier un mineur.
Celui-ci se trouvera forcément dans l'indivision avec le
coassocié de son auteur, et le tuteur ne pourra convertir,
car il porterait atteinte aux droits de ce tiers.

(B) La seconde hypothèse est plus simple et s'explique
par suite plus facilement.

C'est le cas où le titre au porteur aurait été donné en
gage, ou en nantissement. La constitution en gage des
valeurs mobilières est devenue, en effet, d'un usage très
fréquent. Rien de moins rare que de voir un propriétaire,
momentanément gêné, livrer à son créancier des valeurs
et de préférence des valeurs au porteur à cause de leur

(1) *Journal officiel* du 3 mai et du 6 mai 1878.

caractère anonyme, pour garantir ses emprunts d'argent. Or, il est facile de comprendre l'intérêt du créancier gagiste, à conserver le titre au porteur, sur lequel il a compté, plutôt qu'un titre nominatif. En effet, en cas de non-paiement à l'échéance, la réalisation sera plus facile.

(C) La troisième hypothèse prévue dans la discussion, est celle où les titres au porteur seraient l'objet d'un droit d'usufruit. Le tiers peut être le nu-propriétaire ou l'usufruitier et il a été dit que la conversion porterait atteinte à son droit. Pas de difficulté, si c'est le mineur qui est usufruitier : il n'a pas le droit de changer la substance de la chose (Art. 578). Mais pourquoi interdire la conversion, quand il est nu propriétaire ? Sans doute, nous comprendrions qu'on le décidât ainsi, si l'on adoptait une théorie d'après laquelle l'usufruitier de titres au porteur serait quasi usufruitier, et deviendrait, par conséquent, propriétaire des valeurs avec obligation de restituer seulement leur équivalent (Art. 587).

Mais cette opinion n'est pas généralement adoptée et la jurisprudence est depuis longtemps fixée en sens inverse (1). Les titres au porteur ne sont pas, en effet, des choses fongibles. On peut s'en servir sans les consommer et le numéro donné à chaque titre en fait un corps certain. L'usufruitier est donc tenu de conserver les titres qu'il a reçus, et de les rendre à la fin de l'usufruit : l'usufruitier n'a droit qu'aux fruits de la chose, c'est-à-dire aux intérêts ou arrérages, au montant des coupons.

Qu'importe alors au nu propriétaire que les titres soient convertis en titres nominatifs ? Ce serait même ici une garantie particulièrement désirable pour le mineur, garantie non seulement contre le tuteur, mais même

____

(1) Jugement du tribunal de la Seine du 20 juin 1877. *Gazette des Tribunaux,* 16 juillet 1877.

contre le nu propriétaire dont on peut craindre une aliénation frauduleuse. Il a même été jugé par le tribunal civil de Poitiers, que tout nu propriétaire qui désirerait sauvegarder entièrement ses droits serait fondé à exiger la conversion des titres au porteur en titres nominatifs (1).

Quoi qu'il en soit, le cas que nous venons d'indiquer a été formellement prévu dans les travaux préparatoires de la loi et pour ce motif nous pensons que, dans cette hypothèse, le tuteur serait dispensé de faire la conversion, à laquelle il est en principe obligé.

Nous avons à revenir maintenant sur les deux premières exceptions que nous avons signalées pour indiquer certaines mesures de précaution prescrites par la loi dans ce même article 5.

Il peut se faire d'abord que le conseil de famille ait décidé l'aliénation de certains titres : dans ce cas l'aliénation doit avoir lieu *avec remploi*. D'ailleurs en . ce qui touche l'autorisation d'aliéner et les formes de l'aliénation, on procédera comme il est dit aux articles 1, 2 et 3 de la loi, dont nous aurons plus loin à présenter le commentaire.

Que si le conseil de famille décide qu'il n'y a pas lieu à l'aliénation, et si, à raison de leur nature, les titres ne peuvent être convertis en titres nominatifs, le conseil devra prescrire le dépôt des titres au porteur, au nom du mineur, soit à la caisse des dépôts et consignations, soit entre les mains d'une personne ou d'une société spécialement désignée.

« Cette mesure équivaut presque à une conversion no-
» minative, car le titre au porteur déposé sera inscrit *au*
» *nom du mineur* : c'est arriver au but que la loi s'est
» proposé, à savoir, de ne pas laisser entre les mains

(1) Jugement du 7 juillet 1875.

» du tuteur les valeurs que celui-ci pourrait s'approprier
» facilement à l'insu de tous » (Paul Coulet, Commentaire de la loi du 27-28 février 1880).

Telle est l'obligation dont est tenu le tuteur relative_ment aux titres au porteur : mais s'il néglige de l'accomplir, quelle sera la sanction ? Elle se trouve dans l'art. 7 de la loi, qui oblige le subrogé tuteur à surveiller l'accomplissement de cette formalité et, si le tuteur ne s'y conforme pas à provoquer la réunion du conseil de famille, devant lequel le tuteur sera appelé à rendre compte de ses actes. Cet article 7 ne figurait pas au projet primitif : il a été ajouté par la commission de la Chambre des députés. Ainsi le subrogé tuteur n'a pas, dans cette hypothèse, la faculté, mais le devoir de déférer le tuteur au conseil de famille qui aura à le juger et qui pourra, suivant les cas, le destituer pour cause d'indignité (Art. 444).

Si le subrogé tuteur ne remplit pas son obligation, et s'il y a dol ou faute lourde de sa part, il est responsable en vertu du droit commun (Art. 1382 et 1383). Est-ce là une sanction suffisante ? On peut en douter. Ce qu'il y a de certain c'est que cette prescription peut assurer, dans une certaine mesure, l'exécution de la loi.

Nous devons remarquer que cette disposition s'applique, sans distinction aucune, à tous les tuteurs, aux tuteurs légaux comme aux tuteurs datifs.

§ 5. — *Obligation imposée au tuteur de faire régler par le conseil de famille les dépenses de la tutelle.*

L'établissement de la tutelle donne encore lieu à une opération préliminaire qui intéresse la fortune mobilière du mineur : c'est le règlement des dépenses nécessitées tant par l'entretien et l'éducation du pupille que par l'ad-

ministration de ses biens. Ces dépenses sont plus ou
moins considérables suivant les cas. La loi n'a pas voulu
que le tuteur fût arbitre souverain de cette question, et,
pour protéger le mineur contre des abus possibles, elle
prescrit la réunion du conseil de famille, *qui réglera par
aperçu, et selon l'importance des biens régis, la somme
à laquelle s'élèvera la dépense annuelle du mineur ainsi
que celle d'administration de ses biens* (Art. 454).

Ainsi le conseil de famille doit fixer *par aperçu*, c'est-
à-dire approximativement : 1° les dépenses d'entretien et
d'éducation du mineur ; 2° les frais de gestion de son patrimoine. Examinons ces deux points successivement.

1°. C'est d'abord de l'entretien et de l'éducation du
mineur que le Conseil a à s'occuper : il doit fixer d'une
manière approximative la somme qui sera annuellement
consacrée à cette destination. De ce droit accordé au conseil de famille découle virtuellement pour lui la faculté de
déterminer indirectement le genre d'éducation qui sera donné
au mineur. La situation et la fortune du mineur seront les
bases susceptibles de déterminer quelle doit être la dépense
annuelle du pupille, et l'allocation destinée à y faire face
ne devra être prise autant que possible que sur les revenus.

Pourtant dans certaines circonstances données, le capital pourra être entamé à cet effet. C'est déjà ce que décidait Pothier dans notre ancien droit. Le tuteur, dit-il, peut
être autorisé, sur un avis de parents, à prendre sur les
fonds du mineur de quoi lui apprendre un métier, ou le
faire recevoir maître, ou lui obtenir un emploi militaire,
ou lui faire prendre ses degrés. Rien ne s'oppose à ce
qu'on admette aujourd'hui la même solution (1).

Cela peut être très avantageux si le pupille, peu fortuné
aujourd'hui, est éventuellement appelé à une riche suc-

(1) En ce sens : Lyon, arrêt du 18 mai 1869 (Dalloz. 1870. 1. — 5).

cession, ou bien s'il montre des aptitudes remarquables pour un art coûteux à apprendre, mais qui lui donnera plus tard les plus beaux revenus.

2° Le conseil de famille doit en second lieu s'occuper des frais occasionnés par l'administration des biens : il examinera l'état des immeubles, les reparations qu'il est nécessaire ou utile de faire et déterminera sur ces bases et d'après l'importance des biens, la somme annuelle qu'il convient d'allouer au tuteur à cet effet. Le même acte, ajoute l'art. 454, spécifiera si le tuteur est autorisé à s'aider, dans sa gestion, d'un ou plusieurs administrateurs particuliers, salariés, et gérant sous sa responsabilité. »

Ici se présentent deux questions controversées que nous devons examiner. Le tuteur peut, avec l'autorisation du conseil de famille, se faire aider par des agents salariés aux frais du mineur. Mais le conseil de famille pourrait-il allouer des honoraires au tuteur, fixer d'avance une indemnité pour les dépenses que nécessitera sa gestion ?

Nous pensons, avec la grande majorité des auteurs, que la tutelle, comme le mandat, est une fonction gratuite qui n'admet pour le tuteur aucune rémunération. Sans doute la loi n'oblige pas le tuteur à débourser *de suo* pour son pupille et elle lui reconnaît le droit de rentrer dans toutes les avances et dépenses qu'il justifie (Art. 471). Mais ce sont là les seules réclamations que la loi autorise de la part du tuteur. La tutelle est définie une charge (Art. 419) : c'est donc une mission imposée par la loi, un service que chacun doit rendre aux autres pour que plus tard, au besoin, on le rende aux siens. Aucun texte n'autorise le conseil de famille à accorder quelque chose au tuteur pour son temps et pour ses soins. S'il le fait, il commet un excès de pouvoir.

Cependant quelques décisions de la jurisprudence semblent admettre une solution contraire et ont validé des délibérations de conseils de famille où, en réalité, on avait alloué au tuteur de véritables honoraires. (Cass. 18 avril 1854 et 14 décembre 1863. Dalloz 1854. 1. 387 et 1864. 1. 63.)

Nous croyons que, étant donnée notre législation, ces arrêts n'ont pas fait une juste application des principes.

Est-ce à dire que notre loi soit excellente sur ce point ? Nous ne le pensons pas et nous nous associons aux critiques de M. Laurent qui n'approuve pas la règle établie par le Code civil, tout en la constatant. « L'administration » gratuite, dit-il, est rarement une bonne administration. » Toute peine mérite une récompense. On est parfois trop » indulgent pour le tuteur, parce que sa gestion est gra- » tuite : on aurait le droit d'être plus sévère, s'il recevait » une rétribution. »

D'ailleurs toutes les législations n'ont pas la même règle sur ce point. Le Code prussien décide que le tuteur peut demander une rémunération, lorsque la tutelle lui absorbe beaucoup de temps ou lorsqu'il doit faire des voyages dans l'intérêt des mineurs : ces honoraires doivent être réglés par les cours supérieures (Art 248. Anthoine de Saint-Joseph, Concordance).

Une seconde question qui se pose à propos de ce second paragraphe de l'art. 454 est celle de savoir si le tuteur pourrait, sans y être autorisé par le conseil de famille, donner un mandat à un tiers, soit pour faire un ou plusieurs actes relatifs à la tutelle, soit même pour gérer tels ou tels biens appartenant au mineur.

C'est là une question qui n'a pas trait d'une manière spéciale à la gestion de la fortune mobilière. Nous nous contentons en conséquence de donner les solutions généralement adoptées, sans entrer dans aucun détail à ce sujet.

On reconnaît en général que le tuteur peut se faire représenter par un fondé de pouvoir pour certaines affaires. Mais nous n'irions pas jusqu'à reconnaître la validité d'une procuration générale. La tutelle en effet est une espèce de puissance analogue à la puissance paternelle : elle ne peut se déléguer. — La doctrine contraire a été admise cependant par un arrêt de la cour de Rouen du 27 avril 1817 (Sirey, 1817. 2. 108).

Nous avons à voir maintenant la sanction de l'obligation imposée au tuteur par l'art. 454. Que décider si le tuteur a négligé de provoquer sur les deux points indiqués une décision du conseil de famille ?

Le but de cette prescription de la loi est de prévenir, autant que faire se peut, les contestations qui pourront s'élever plus tard sur le chiffre des dépenses faites par le tuteur.

Dans tous les cas le tuteur doit rendre compte et on ne lui rembourse que le montant des dépenses justifiées.

Seulement on se montrera beaucoup plus sévère dans l'appréciation de la nécessité des dépenses, si le tuteur n'a pas fait faire à l'avance le règlement prescrit par l'art. 454. Dans ce cas le tuteur est exposé à voir réduire comme excessives les dépenses qu'il aurait faites et pourrait être condamné à la bonification des intérêts du montant des réductions ainsi opérées.

Nous avons ainsi déterminé cette obligation particulière du tuteur. Il nous reste, pour terminer, sur ce point, à signaler l'exception admise par l'art. 454 en faveur des père et mère.

L'alinéa 1er de l'art. 454 porte expressément que la disposition qui s'y trouve renfermée est étrangère à la tutelle des père et mère. Le survivant des époux, qui a la tutelle de ses enfants, n'est pas tenu de faire régler par le conseil la somme à laquelle pourra s'élever la dépense annuelle du mineur, ainsi que celle d'administration de ses biens.

Remarquons qu'ici l'exception n'est pas limitée au cas où le survivant a l'usufruit légal. En effet cette exception n'a aucun rapport avec la jouissance des biens : le législateur l'a admise à raison de l'affection présumée du père ou de la mère pour ses enfants. Faire intervenir le conseil de famille, c'eût été porter atteinte à la puissance paternelle.

Mais l'art. 454 contient un second alinéa, c'est celui qui oblige le tuteur à obtenir l'autorisation du conseil de famille, s'il veut se faire aider dans sa gestion par un ou plusieurs administrateurs salariés. Cette même autorisation, dans ce cas, est-elle nécessaire au survivant des père et mère ? La question est controversée.

MM. Ducaurroy, Bonnier et Roustaing sont d'avis que l'exception, admise par le premier alinéa de l'art. 454, ne s'étend pas au second. D'après eux cette seconde disposition serait applicable à la tutelle des père et mère. Ils s'appuient pour soutenir leur opinion sur un incident de rédaction qui, à leur avis, prouverait l'intention du législateur dans le sens de leur doctrine.

Le sytème opposé, enseigné plus généralement, nous paraît plus conforme au texte de l'art. 454. La loi dit en effet : *Le même acte...* or cet acte n'est pas applicable aux père et mère.

Remarquons du reste que la question ne présente d'intérêt qu'autant que le père ou la mère n'a pas la jouissance légale. — En effet, si c'est lui qui jouit des revenus, c'est à lui qu'incombent les frais d'exploitation. Rien ne l'empêche de faire administrer par des agents salariés : mais c'est lui qui les paiera.

Le conseil de famille, appelé à régler, comme nous l'avous vu, le budget de la tutelle, a encore à déterminer la somme à laquelle commencera pour le tuteur l'obligation de faire emploi de l'excédent des revenus sur la dépense (Art. 455). Mais c'est là un point très important, sur lequel la loi du 27 février 1880 est venue ajouter une disposition nouvelle. Nous devons à ce sujet entrer dans quelques difficultés qui surgissent et que nous essaierons de résoudre : nous avons fait de cette question un paragraphe spécial de notre travail.

§ 6. — *De l'obligation imposée au tuteur de faire emploi des deniers pupillaires.*

Le principe qui domine toutes les règles concernant l'administration du tuteur est le principe inscrit dans l'art. 450 : *Il administrera les biens du pupille en bon père de famille.* Or un bon père de famille ne garde pas improductifs les deniers qu'il a dans sa caisse.

Il tâche d'abord de ne pas dépenser ses revenus en totalité, et, avec l'excédent, il fait des placements de nature à grossir chaque jour son patrimoine. Il doit faire emploi également des capitaux qui lui adviennent pour une cause ou pour une autre, et cela dans les meilleures conditions possibles.

La nécessité de cet emploi est pour le tuteur une obligation légale : il doit se garder d'y manquer, car cette obligation est rigoureusement sanctionnée. S'il négligeait de l'accomplir il devrait au mineur les intérêts et les intérêts des intérêts des sommes non placées.

Cette obligation a existé de tout temps. Nous l'avons vue imposée au tuteur romain (L. 7, § 11. — *De adm. et per. tut.*). Notre ancien droit coutumier avait également traité cette question. Pothier dans son commentaire sur la coutume d'Orléans, s'exprime ainsi :

« Lorsque les revenus du mineur excèdent ce qui est
» nécessaire pour les aliments et l'éducation du mineur,
» le tuteur doit mettre en réserve le surplus. Suivant un
» acte de notoriété du .Châtelet de Paris du 11 juillet
» 1698, rapporté dans les éditions de notre coutume de
» 1711 et de 1740, lorsque le tuteur a entre ses mains,
» soit des dits revenus, soit d'ailleurs, une somme de
» 1,500 livres, on ne lui donne que six mois pour trouver
» un emploi, pendant lequel temps il ne doit point l'inté-
» rêt de cette somme ; mais faute d'en avoir fait l'emploi,
» il en doit les intérêts et il doit les intérêts des intérêts
» toujours par accumulation, jusqu'au temps de la majo-
» rité des mineurs ou fin de la tutelle : et après le dit
» temps le reliquat de son compte, composé tant des prin-
» cipaux que des intérêts et intérêts d'intérêts, comptés
» par accumulations jusqu'au temps de la fin de la tutelle,
» forme un capital qui produit des intérêts jusqu'au
» payement ; mais ces intérêts n'en produisent plus d'au -
» tres depuis la fin de la tutelle. »

Nous avons tenu à reproduire ce passage de Pothier,
car on sait quelle influence cet auteur a exercée sur la rédaction du Code civil. Nous arrivons maintenant à la législation actuelle. Nous avons sur ce point les articles 455 et
456 du Code civil et l'article 6 de la loi du 27 février
1880.

Le Code civil ne s'occupe, expressément au moins, que
des revenus ; la loi nouvelle a trait aux capitaux.

Quant aux excédents de revenus, il faut prévoir deux
hypothèses.

La loi suppose d'abord que le tuteur, comme c'est son
devoir, a fait déterminer positivement la somme à laquelle
commence pour lui l'obligation d'employer l'excédent des
revenus sur la dépense (Art. 455). — Dans ce cas l'em-

ploi doit être fait dans le délai de six mois. Quel est le point de départ de ce délai ? Nous croyons que c'est là une question de fait que les tribunaux auront à examiner. Nous ne saurions adopter l'opinion de ceux qui, établissant une corrélation entre l'art. 455 et l'art. 470, font courir le délai du jour où le tuteur a fourni les états de situation qui, d'après ce dernier article, peuvent être prescrits par le conseil de famille. — Il suffit de remarquer en effet que la mesure, indiquée par l'art. 470, est facultative pour le conseil de famille. Il se peut en outre que le tuteur n'ait à fournir ces comptes que chaque trois ans, et peut-on soutenir que, dans ce cas, les deniers pupillaires pourront rester improductifs pendant plus de deux ans peut-être? Telle n'a pas été certainement la pensée de la loi.

La seconde hypothèse est prévue par l'art. 456. Cet article suppose que le tuteur n'a pas provoqué une décision du conseil de famille sur cette question. Dans ce cas le tuteur doit faire emploi de toute somme quelque modique qu'elle soit, et le délai de six mois court du jour où cette somme est rentrée dans la caisse du tuteur.

Quelle est la sanction de cette obligation ? A défaut d'emploi dans les six mois, le tuteur doit indemniser le pupille du tort qu'il lui a causé, par sa faute, en laissant oisifs des deniers qu'il devait placer.

Il doit donc les intérêts des sommes non employées et même les intérêts des intérêts. Sur ce second point pourtant il ne faudrait pas pousser le principe à l'excès: on ne peut exiger en effet que le tuteur fasse un emploi immédiat des intérêts qu'il reçoit, car les petits placements ne sont pas toujours faciles ou ne sont pas avantageux. Les tribunaux auront à voir quel préjudice a causé ou fait au pupille la négligence du tuteur.

Ainsi le tuteur doit les intérêts des sommes non employées. Mais à partir de quel moment doit-il les intérêts ? Il semble qu'il ne puisse y avoir aucun doute à cet égard : le tuteur a six mois pour faire les placements. C'est seulement quand le délai est expiré qu'il est en faute : c'est donc seulement à partir de l'expiration des six mois qu'il commence à devoir les intérêts des sommes non employées.

Cependant Toullier (t. II, p. 243) pense que le tuteur qui n'a pas fait emploi, dans le délai de six mois, des sommes qu'il a reçues doit les intérêts desdites sommes à partir du moment où il les a touchées, parce que, dit cet auteur, il y a présomption qu'il a employé les deniers à son profit.

Cette opinion est évidemment trop rigoureuse. D'abord elle suppose une présomption qui n'est écrite nulle part ; de plus elle est formellement condamnée par le texte de l'art. 455 qui s'exprime ainsi : cet emploi devra être fait dans le délai de six mois, *passé lequel* le tuteur devra les intérêts à défaut d'emploi.

Maintenant si en fait le tuteur s'est servi pour son usage personnel des deniers du pupille, il devra les intérêts du jour de cet emploi : nous appliquerons alors l'art. 1996. Mais il n'y a aucune présomption contre lui ; c'est une question de fait. C'est dans ce sens qu'a jugé la cour de Lyon, dans un arrêt du 19 août 1853 (Dalloz, 1854. 2. 165).

Les articles 455 et 456 s'appliquent aux sommes dont le tuteur se trouverait lui-même débiteur envers le pupille et qui seraient devenues exigibles au cours de la tutelle. Cela ne fait pas de doute : le tuteur qui doit veiller à ce que toutes les dettes du pupille soient payées à leur échéance. a dû se payer entre ses propres mains. *A semetipso exigere debuit.*

Mais, dans ce cas, le tuteur doit-il les intérêts du jour où la dette est devenue exigible, ou bien seulement à partir du délai de six mois, comme dans toute autre hypothèse ?

Les art. 455 et 456 accordent, sans distinction aucune, un délai de six mois au tuteur pour le placement de tous les fonds pupillaires. Nous croyons donc que le tuteur doit bénéficier de ce délai, alors même que c'était lui qui était personnellement débiteur. La condamnation au paiement des intérêts est une peine, et en matière de peine, l'inter-prétation la plus douce doit toujours l'emporter. — L'o-pinion contraire est cependant enseignée (Valette sur Prou-dhon » n° 362). Mais elle est assez généralement repoussée et avec raison, à notre avis.

Telle est l'obligation qui s'impose au tuteur de faire emploi des revenus dans un certain délai : cette obligation. telle qu'elle est réglée par les articles 455 et 456 s'applique-t-elle à la tutelle des père et mère ? Les avis sont partagés sur ce point.

Si les père et mère ont la jouissance légale, on ne peut guère soutenir qu'ils sont soumis à cette formalité, car dans ce cas tous les revenus leur appartiennent. Mais que déci-der quand ce titre d'usufruitier légal ne leur appartient pas, ou ne leur appartient plus.

Dans une première opinion. on soutient que toutes les règles relatives à l'emploi. ainsi que leurs conséquences. s'appliquent au père et à la mère. comme à tout autre tuteur, s'ils n'ont pas la jouissance légale (Demante. t. II. n° 213 *bis VII*. — (Marcadé, t. II, art. 454).

Dans un second système, qui nous paraît plus conforme à l'esprit de la loi et à l'économie de ses dispositions, on soutient, au contraire, que les articles 455 et 456 sont étrangers, dans tous les cas, à la tutelle du survivant des père et mère.

Cette opinion est plus conforme à l'esprit de la loi : on conçoit, en effet, que le législateur ait repoussé certaines précautions, comme inutiles, alors qu'il s'agissait du père et de la mère. Il a eu pleine confiance dans leur affection et leur sagesse : ce sont là, en effet, des sentiments bien naturels auxquels les rédacteurs du Code ont voulu rendre hommage.

Cette opinion est encore conforme à l'économie des dispositions de la loi : en effet, il y a un lien évident entre les articles 454, 455 et 456. Or l'art. 454 excepte les père et mère des formalités qu'il édicte. Il doit en être de même des obligations imposées par les articles 455 et 456. Cela est d'autant plus évident que c'est dans la même délibération que le conseil de famille a à se prononcer sur toutes ces questions. Enfin, l'art. 457, qui suit immédiatement les dispositions que nous étudions, a le soin de dire expressément qu'il s'applique à tout tuteur, *même le père ou la mère*. Ne peut-on pas en conclure que les articles précédents leur sont étrangers ?

Nous concluons donc, que les père et mère ne sont pas astreints aux formalités des articles 455 et 456, même quand ils n'ont pas la jouissance légale. La loi, à raison de leur qualité, a voulu leur accorder une plus grande liberté (En ce sens, Duranton, t. 3, n° 561. — Demolombe, t. 7, n° 628 — Aubry et Rau, t. 1, p. 399 · — Massé et Vergé, t. 1, p. 431. — M. Bufnoir à son cours).

Les articles 455 et 456 ne s'expliquaient pas sur l'emploi des capitaux. Est-ce à dire que le tuteur ne fût pas obligé d'en effectuer le placement ? Évidemment, il devait en faire emploi, car il est tenu d'administrer en bon père de famille. De plus, la loi l'oblige à placer les revenus quand ils excèdent les dépenses : à plus forte raison doit-il en être de même des capitaux, qui eux dépassent toujours les dépenses, vu que les dépenses ne se prennent pas en général sur les capitaux. Ainsi, quant au principe lui-même, il ne souffre pas difficulté. Mais le doute surgit, quand on en vient à l'application. Devait-on appliquer en tout aux capitaux, ce que les articles 455 et 456 disent des revenus ?

Dans une première opinion, on enseignait que les articles 455 et 456 devaient seuls être appliqués aux capitaux et aux revenus. En conséquence, on décidait que le conseil de famille pouvait déterminer la somme qui devait être réunie pour que tuteur fût tenu de faire emploi, et on donnait au tuteur un délai de six mois pour faire cet emploi. Tel était le système enseigné par M. Demolombe.

Dans une seconde opinion, on soutenait que le conseil de famille n'avait ici aucune compétence, et que le tuteur devait placer les capitaux même les plus modiques, dès qu'il les avait entre les mains. Quant au délai, on appliquait, par analogie, l'art. 1066, et on soutenait que le tuteur devait faire emploi des capitaux dans le délai de trois mois à partir de leur remboursement.

Enfin, dans un troisième système, qui, croyons-nous, renfermait la meilleure solution, on décidait que, dans le silence de la loi, il fallait s'en tenir au principe général de l'art. 450. Le tuteur avait-il agi en bon père de famille ? C'était là une question de fait que les tribunaux avaient à examiner.

Aujourd'hui, la lacune sur ce point a été comblée par la loi du 17 février 1880.

L'article 6 est conçu en ces termes :

Le tuteur devra faire emploi des capitaux appartenant au mineur ou à l'interdit, ou qui leur adviendraient par succession ou autrement, et ce, dans le délai de trois mois, à moins que le conseil ne fixe un délai plus long, auquel cas il pourra en ordonner le dépôt, comme il est dit en l'article précédent.

Les règles prescrites par les articles ci-dessus et par l'art. 455 du Code civil seront applicables à cet emploi.

Les tiers ne seront, en aucun cas, garants de l'emploi.

Telle est la disposition qui a mis fin aux controverses qui s'agitaient avant la promulgation de cette loi.

Il en résulte d'abord que le tuteur n'est tenu de faire emploi des capitaux qu'il a en caisse, qu'autant qu'ils ont atteint la somme fixée par le conseil de famille. Notre article 6 renvoie en effet aux dispositions de l'art. 455 du Code civil.

Quant au délai, il est plus court que celui imparti par l'art. 455 du Code civil : c'est dans les trois mois que l'emploi doit être fait. Rien dans le rapport si étendu de M. Denormandie, rien dans la discussion ne nous indique les motifs qui ont fait adopter pour l'emploi des capitaux un terme plus court que celui qui est fixé pour le placement de l'excédent des revenus. Nous savons que, dans un cas analogue, celui de substitution, la loi impose au grevé l'obligation d'employer les deniers dans ce délai de trois mois (Art. 1066). Nous avons vu que quelques auteurs voulaient, par analogie, appliquer cette disposition au tuteur, quant aux capitaux recueillis au cours de la tutelle. La raison qu'ils donnaient c'est que le tuteur avait dû prévoir à l'avance la rentrée de ces capitaux et songer aussi, par anticipation, aux placements qu'il aurait à en faire. Le motif n'était pas excellent, car il aurait pu être également donné pour les revenus. Quoi qu'il en soit, c'est peut-être cette considération qui a guidé les rédacteurs de la loi de 1880.

Peut-être, aussi, ont-ils voulu accorder le même délai pour la conversion des titres aux porteur en titres nominatifs (Art. 5 de la loi de 1880) et pour l'emploi des deniers.

Ce qu'il y a de certain, c'est qu'aujourd'hui le tuteur a, en principe, un délai plus court pour placer les capitaux que pour faire emploi des revenus. Mais ce délai peut être augmenté par le conseil de famille, si, à raison des circonstances, il le juge trop court. Dans cette hypothèse, pour éviter que les sommes d'argent appartenant au mineur restent trop longtemps entre les mains du tuteur, le conseil peut subordonner la latitude qu'il accorde au dépôt des deniers entre les mains d'un tiers, qui a sa confiance, ou à la caisse des dépôts et consignations.

Quant à la sanction, elle est la même que pour les revenus : l'art. 6 renvoie en effet aux règles du Code civil. En conséquence le tuteur devrait les intérêts des sommes non employées.

Reste un dernier point sur lequel il est à regretter que le législateur ne se soit pas expliqué d'une manière formelle. Nous voulons parler de l'application de cette disposition de l'art. 6 à la tutelle du survivant des père et mère. Nous avons admis que les art. 455 et 456 étaient étrangers au père ou à la mère, même quand ils n'avaient pas la jouissance légale. Ici nous sommes obligé de donner une solution différente, au moins pour le cas où le survivant des père et mère ne serait pas usufruitier légal.

Cette solution nous est imposée par les travaux préparatoires de la loi nouvelle. Il a été dit, en effet, à diverses reprises, tant dans le rapport que dans la discussion que les dipositions de cette loi s'appliquaient à tous ceux, sans exception, qui avaient la tutelle de mineurs ou d'interdits. et par conséquent au père ou à la mère survivant. M. De-

normandie s'explique formellement à cet égard dans son
rapport : « On s'est préoccupé, dit-il, de cette question
» dans l'intérêt du père ou de la mère de famille : on s'est
» demandé s'il n'y avait pas là une atteinte portée à leur
» autorité? On dit qu'il serait pénible pour un père de
» voir s'élever contre lui une sorte de prévention, de voir en-
» chaîner sa liberté, de voir paralyser à l'avance la direc-
» tion et l'emploi d'une fortune qui serait peut-être le
» résultat exclusif de son travail personnel.

» Ces considérations quelque légitimes quelles fussent
» n'ont pas prévalu aux yeux de la commission.

» Le projet de loi s'il ne s'étendait pas jusqu'à cette
» catégorie de personnes, aurait, en fait, une importance
» bien restreinte, car on sait que la tutelle naturelle
» et légale est plus fréquente que la tutelle da-
» tive. »

Ainsi le père ou la mère sont soumis, en principe, aux
formalités prescrites par cette disposition. Mais en sera-t-il
ainsi, même dans le cas où ils ont la jouissance légale?
La difficulté vient de ce que, quand l'usufruit porte sur
des sommes d'argent, l'usufruitier peut en disposer: il est
tenu seulement de rendre une somme équivalente à la
fin de l'usufruit (Art. 587). Allons-nous lui enlever ce
droit de disposition, en l'obligeant à placer les sommes
dont il a la jouissance? Il semble que si nous voulons
respecter ce droit que la loi lui accorde, nous devons
admettre que l'obligation, prescrite par l'article 6, ne
commencera pour le survivant des père et mère, qu'à la
cessation de son usufruit.

La question est très embarrassante.

Cependant en présence des travaux préparatoires de la
loi nouvelle, dont nous avons déjà parlé, en présence de
son esprit évident, nous inclinons à penser que l'article

s'impose même au tuteur qui a la jouissance légale des biens du pupille.

Le passage du rapport de M. Denormandie, que nous avons cité, dit expressément que la loi s'applique à tous les tuteurs sans aucune exception. Il semble bien qu'il n'admette pas d'exception même dans le cas d'usufruit légal. En veut-on une nouvelle preuve? elle nous paraît ressortir des paroles suivantes, prononcées lors de la discussion, par le rapporteur, sur une observation qui lui était faite : « On s'est demandé si le père de famille, qui était
» co-intéressé avec ses enfants, ne trouverait pas une
» certaine gêne dans l'application et dans l'exécution de
» la loi..... Ce que nous avons voulu, c'est que le bien du
» mineur, c'est que son titre, son capital, après liqui-
» dation, ne fussent pas exposés à des risques ; mais il
» n'est jamais entré dans notre pensée d'apporter le
» moindre trouble aux intérêts généraux de la famille,
» aux mesures que le père croirait devoir prendre, *pourvu*
» *qu'il restât, bien entendu, dans les termes de la loi.*

» Le conseil de famille appréciera... (1). »

Ainsi, on le voit, l'attention des rédacteurs de la loi a été appelée sur cet embarras que pourrait causer au père de famille l'obligation de faire emploi des capitaux. Que répond le rapporteur? Qu'avant tout, le tuteur doit se conformer à la loi. Maintenant le conseil de famille pourra, quant au mode de placement, lui accorder une certaine latitude. Dira-t-on qu'on n'a visé que le cas où le père n'aurait pas la jouissance légale ! Ce serait bien étrange, car c'est là l'hypothèse la plus rare.

L'intention du législateur apparaît non seulement dans la discussion, mais dans l'esprit de la loi tout entière.

_____

(1) *Journal officiel* du 26 mai 1878. Compte rendu de la séance du Sénat.

C'est une loi des plus soupçonneuses : une loi de méfiance contre le tuteur. Ce qu'on veut c'est protéger envers et contre tous la fortune mobilière du mineur,

Or l'expérience montre que le père ou la mère s'habitue difficilement à considérer le patrimoine de son enfant comme n'étant pas le sien. Le cas le plus habituel c'est la tutelle du père ou de la mère, et du père ou de la mère usufruitier légal. Si le législateur avait voulu les dispenser de l'obligation qu'il impose, il n'aurait pas manqué de le dire.

On peut du reste concilier cette solution avec les règles de l'usufruit légal. L'usufruit légal n'est pas un usufruit comme un autre. Il ne porte pas, pour ainsi dire, sur chaque objet composant le patrimoine, mais sur l'ensemble du patrimoine. Alors avant de faire fonctionner le droit d'usufruit, il faut commencer par constituer ce patrimoine du mineur d'après les règles qui le régissent. Une de ces règles c'est le placement des capitaux.

Donc le père ou la mère, même usufruitier légal, doit faire emploi des deniers du pupille, conformément à notre article (1).

La solution de cette difficulté nous conduit à une autre question : Il peut arriver que l'usufruit légal et la tutelle ne soient pas sur la même tête.

C'est ce qui a lieu, par exemple, lorsque la mère, à qui l'art. 394 en donne le droit, n'accepte pas la tutelle. Que déciderons-nous dans cette hypothèse ? Évidemment le tuteur devra faire les placements ordonnés par l'article 6 et c'est après l'accomplissement de cette formalité que l'usufruit de la mère s'exercera : elle aura droit aux intérêts des sommes ainsi employées. Cette solution résulte des explications que nous avons données sur la question précédente.

(1) M. Bufnoir à son cours s'est prononcé dans ce sens.

Mais ces explications mêmes montrent que ceci ne serait plus applicable si le père ou la mère exerçait sur les biens de l'enfant un droit d'usufruit véritable, résultant d'une disposition faite à son profit. Dans ce cas nous n'appliquerons plus l'article 6 de notre loi : l'art 587 du Code civil reprend tout son empire. Le père usufruitier pourra disposer des capitaux. Mais, dans cette hypothèse, étant un usufruitier ordinaire, il sera tenu de donner caution pour garantir la restitution des capitaux (Art. 601). Il y aura là une garantie remplaçant les prescriptions de l'art. 6 de la loi de 1880.

Remarquons qu'aux termes de l'art. 9 de cette loi de 1880, les tuteurs entrés en fonctions antérieurement à la loi sont tenus de s'y conformer.

Cette disposition n'est-elle pas contraire au principe de non-rétroactivité des lois posé dans l'article 2 du Code civil ? Il s'agit là d'une loi de procédure qui ne porte aucune atteinte à des droits acquis.

Nous devons citer également l'art. 8 de cette loi qui déclare ses dispositions applicables aux valeurs mobilières appartenant aux mineurs sous la tutelle, soit de l'administration de l'assistance publique, soit des administrations hospitalières.

Il s'agit des *enfants trouvés*, nés de père et mère inconnus, et dont la situation est réglée par l'arrêté du 30 ventôse an V, la loi du 15 pluviôse an XIII, et le décret du 19 janvier 1811.

Il résulte de ces dispositions que ces enfants sont sous la tutelle des commissions administratives, et qu'un membre de cette commission est spécialement chargé de cette tutelle. Les autres membres remplissent les attributions du conseil de famille.

A Paris, la loi du 10 janvier 1849 (art. 3) a confié cette tutelle au directeur de l'assistance publique.

Ces diverses personnes devront donc, en ce qui concerne les biens qui peuvent échoir à ces mineurs, placés sous leur protection, se conformer à la nouvelle loi. Elles devront notamment faire emploi des capitaux, conformément à l'art. 6.

Sur cet emploi des deniers pupillaires et sur l'obligation qui incombe au tuteur à cet égard, nous avons encore une question à examiner. Les articles 455 et 456 du Code civil et l'art. 6 de la loi de 1880 reçoivent-ils encore leur application si le tuteur continue à gérer après la majorité du pupille ? Ce n'est là du reste qu'un des côtés d'une question plus générale : Quel est exactement le caractère juridique de la gestion qui continue après la fin de la tutelle ?

M. Troplong (1), dans une espèce qui se présentait en 1830 devant la cour de Nancy, soutint, en qualité d'avocat général, qu'il fallait appliquer à cette gestion toutes les règles de la tutelle, et qu'en conséquence le tuteur continuait à de voir les intérêts et les intérêts des intérêts des sommes non placées. La cour de Nancy jugea contrairement à ses conclusions. Mais depuis, la cour suprême s'est toujours prononcée dans le sens indiqué par ce jurisconsulte et c'est cette doctrine que la jurisprudence a définitivement adoptée. La dernière décision que nous avons sur ce point est conforme à cette doctrine : c'est un arrêt de la cour de Paris du 13 décembre 1877 (Dalloz, 78. 2. 71).

Cette jurisprudence est fondée sur l'autorité du droit romain et de notre ancien droit et quelques dispositions de notre Code civil, comme l'art. 472 et l'art. 907 qui feraient application de ce principe.

Quelques cours d'appel ont cependant adopté une décision différente et, quelque autorité qui s'attache aux arrêts de la cour suprême, nous pensons que cette seconde

(1) Dalloz, au mot *minorité* n° 471, note.

opinion est plus juridique. Dans le premier système on invoque la tradition. A cela nous répondons que l'ancien droit a été abrogé sur ce point. Nous n'en voulons comme preuve que l'art. 475 qui admet la prescription de dix ans, à compter de la majorité du pupille, pour l'action du mineur contre son tuteur contrairement à l'ancien droit qui avait admis à l'égard de cette action la prescription de trente ans.

On argumente encore des articles 907, 472 et 2045. Mais ce sont là des dispositions exceptionnelles, qui s'expliquent par des motifs tout spéciaux. Or, l'exception confirme la règle.

Les dispositions des art. 455 et 456 sont exorbitantes du droit commun : elles édictent contre le tuteur une peine rigoureuse, que nous ne pouvons étendre à un cas non prévu par ces textes.

A nos yeux, le tuteur, qui continue d'administrer les biens de son ancien pupille, est dans la position du gérant d'affaires. Par conséquent les articles 455 et 456 du Code civil ne lui sont pas applicables (1).

Telle est l'obligation du tuteur quant à l'emploi des deniers pupillaires. Il nous resterait à indiquer les formes de l'emploi et la situation des tiers quant à l'accomplissement de cette formalité. Mais l'étude de ce point trouvera mieux sa place quand nous nous occuperons plus spécialement des pouvoirs du tuteur.

§ 7. — *De la responsabilité du tuteur et de l'obligation qui pèse sur lui de rendre compte.*

Toutes les obligations spéciales qui incombent au tuteur et que nous venons d'étudier ne sont que des applica-

(1) En ce sens Demolombe et Laurent. — Voir aussi un arrêt de la cour d'Angers du 23 février 1853 (Dalloz, 1853. 2. 42).

tions de l'obligation générale dont il est tenu, d'administrer en bon père de famille (Art. 450). Nous n'avons rien de spécial à dire quant à la fortune mobilière touchant cette obligation. Elle est sanctionnée par la condamnation à des dommages-intérêts que peut encourir le tuteur, s'il y manque.

C'est donc dans l'art. 450 qu'est posé le principe de la responsabilité du tuteur. Nous pouvons bien l'indiquer comme une garantie de sa bonne gestion, car s'il commet une faute dans son administration, il sera tenu d'en indemniser le pupille. Mais de quelle faute le tuteur est-il tenu ? En principe le débiteur est tenu de remplir ses obligations avec les soins qu'un bon père de famille met à gérer ses intérêts (Art. 1137). S'il ne le fait pas il est responsable de la faute que, dans le langage de l'école, on appelle une faute légère *in abstracto*. Cette règle doit-elle être appliquée au tuteur ?

Le doute vient de ce que le tuteur est un mandataire, et que ses fonctions sont gratuites. Or l'art. 1992 déclare que « la responsabilité relative aux fautes est appliquée moins rigoureusement à celui dont le mandat est gratuit qu'à celui qui reçoit un salaire ».

Cette indulgence relative que doivent avoir les tribunaux pour le mandataire ordinaire, doit-elle être appliquée également au tuteur ?

Tout en reconnaissant aux juges un certain pouvoir d'appréciation, nous pensons que le tuteur doit être traité plus sévèrement que le mandataire ordinaire. Nous le décidons ainsi pour deux motifs.

D'abord les termes de l'art. 450 sont les mêmes que ceux de l'art. 1137 qui qualifient la responsabilité du débiteur dans les obligations conventionnelles.

En second lieu, le mineur mérite une protection plus grande que le mandant ordinaire : à la différence de ce dernier, il n'a pas choisi son mandataire, qui lui est imposé par la loi et qui, par cela même, doit apporter dans sa gestion une attention plus scrupuleuse et des soins plus diligents.

Outre cette responsabilité civile, le tuteur peut être soumis à une responsabilité pénale. La cour de cassation a décidé en effet que le tuteur, qui a détourné ou dissipé des valeurs appartenant à son pupille, est, comme mandataire infidèle, passible des peines de l'abus de confiance, aux termes de l'art. 408 du Code pénal (Cass. 10 août 1850, Dalloz, 1850. 1. 250).

Nous n'avons pas à nous étendre davantage sur ce point. Nous serons également très bref sur l'obligation de rendre compte et sur l'hypothèque qui garantit ces obligations. Ce sont là, en effet, des mesures qui concernent toute l'administration du tuteur et n'ont rien de spécial à la gestion de la fortune mobilière : nous n'avons donc pas à y insister.

Aux termes de l'art. 469, tout tuteur est comptable de sa gestion, lorsqu'elle finit. Cette obligation est particulièrement essentielle : elle est nécessaire afin que le mineur puisse savoir comment a été gérée sa fortune, si le tuteur a rempli toutes les formalités de la loi. Nous croyons donc que c'est là une obligation d'ordre public, dont le tuteur ne pourrait être dispensé. L'art. 56 du code hollandais, dit formellement : *Toute dispense de rendre compte est de nul effet, ainsi que la prohibition d'en exiger* (1).

Bien que le Code civil ne contienne pas à cet égard une disposition explicite, nous pensons que les principes suffisent pour justifier la même solution.

(1) L'art. 304 du Code civil italien contient une disposition analogue.

Le compte de tutelle rendu, le tuteur peut se trouver débiteur de son pupille. Pour garantir les droits du mineur, la loi lui donne une hypothèque légale sur les biens de son tuteur. Mais cette garantie est inefficace, si le tuteur n'a pas d'immeubles ou n'a pas des biens suffisants pour répondre des suites de sa mauvaise gestion.

Nous avons vu qu'en droit romain certains tuteurs étaient tenus de fournir caution. Le Code civil du royaume d'Italie (Art. 292) a rétabli cette obligation pour tout tuteur autre que l'aïeul paternel et maternel. Le conseil de famille, qui peut du reste dispenser le tuteur de cette obligation, détermine la somme pour laquelle il devra être fourni caution.

Il serait peut-être désirable qu'une garantie analogue fût introduite dans notre législation. De nos jours, par suite de l'extension considérable de la fortune mobilière, il peut se faire qu'un mineur très riche ait pour tuteur un homme fort riche également, mais dont toute la fortune est mobilière. De là, des dangers auxquels ne pare pas l'hypothèque légale. C'est là, croyons-nous, un vice de notre législation : il est du devoir de la puissance publique, gardienne des droits des mineurs, de le corriger.

SECTION II.

Limites des pouvoirs du tuteur.

Pour sauvegarder la fortune mobilière des mineurs contre l'imprudence et l'infidélité des tuteurs, la loi prend certaines mesures préventives : elle impose à ces administrateurs du patrimoine de ces incapables, certaines obligations que nous avons étudiées dans la première partie de ce travail.

Dans ce même but, et pour éviter les dangers que peuvent entraîner certains actes juridiques, soit par eux-mêmes, soit par leurs suites, la loi a cru devoir restreindre, sous certains rapports, les pouvoirs du tuteur.

Pour cela le législateur a d'abord interdit au tuteur certains actes d'une manière absolue ;

Pour une seconde catégorie d'actes, il a exigé l'autorisation du conseil de famille et l'homologation du tribunal ;

Pour d'autres, il s'est contenté de l'autorisation du conseil de famille.

Quant aux actes que la loi n'énumère pas et pour lesquels elle ne prescrit pas de formalité spéciale, le tuteur peut les faire seul et de sa propre autorité.

Notre section se trouve ainsi naturellement divisée en quatre parties que nous examinerons dans quatre paragraphes successifs : nous n'avons à nous occuper bien entendu que des règles concernant la fortune mobilière.

§ 1. — *Des actes absolument interdits au tuteur.*

I. Le tuteur ne peut disposer, à titre gratuit, des biens du mineur, pas plus des biens mobiliers que des biens immobiliers.

Cette prohibition n'est écrite nulle part ; mais elle résulte nécessairement des principes. D'abord le tuteur n'agit que comme représentant du mineur ; il n'exerce donc que les droits dont le mineur a la jouissance : Or le mineur ne peut faire une donation (art. 904). De plus c'est là une de ces dispositions qui a pour cause des sentiments tout à fait intimes et personnels, et qui ne peut émaner que de la volonté personnelle, en effet, de celui seul dont elle témoigne les intentions bienfaisantes (¹).

Cela était du reste déjà admis en droit romain (L. 46, § 7. *De adm. et per. tut.*) et dans notre ancien droit (Pothier, Introduction au titre 1ᵉʳ de la coutume d'Orléans, n° 225.)

Toutefois on admettait une exception pour les gratifications et cadeaux que nos usages et nos mœurs ont rendu pour ainsi dire obligatoires. Ce même tempérament devrait être admis aujourd'hui : ces dépenses seraient allouées au tuteur, pourvu qu'il les eût faites en bon père de famille : *pro facultate patrimonii, secundum dignitatem facultatesque pupilli.*

En dehors de là le tuteur ne peut faire aucune libéralité sur le patrimoine du pupille. Il ne pourrait faire remise d'une dette, donner mainlevée d'une inscription hypothécaire, sans paiement préalable de la créance pour sûreté de laquelle cette inscription a été prise.

Le tuteur ne pourrait davantage renoncer gratuitement aux droits acquis à son pupille. Cependant la cour de

(1) Demolombe, t. 7, n° 775.

Paris, dans un arrêt du 14 juillet 1826 (Sirey, 1827. 2. 114)
a décidé que le tuteur pouvait renoncer à une donation
faite à son mineur.

Les circonstances de l'espèce étaient, nous le reconnaissons, très favorables à cette solution. Il s'agissait d'é-
viter le déshonneur au donateur. — Mais quelque res-
pectable que fût en soi le sentiment d'honneur et de
délicatesse qui avait donné lieu à cette renonciation, il
était insuffisant, aux yeux de la loi, pour autoriser le
tuteur à renoncer à des droits acquis à son pupille. Aussi,
croyons-nous qu'en validant une semblable renonciation,
la cour suprême s'est écartée des vrais principes du droit.

II. Le tuteur ne peut pas *compromettre,* c'est-à-dire
soumettre à des arbitres les contestations du mineur.

Cette prohibition n'est pas nouvelle : comme la précédente elle existait déjà dans les lois romaines (L. 34, § 1.
De minoribus), et dans notre ancienne jurisprudence française (Meslé, *Traité des minorités.* Part. 1, — chap. VIII.
n° 22).

Le compromis en effet offre des avantages : il permet
d'éviter les formalités longues et coûteuses des instances
judiciaires. Mais d'un autre côté, il est plein de dangers
et l'on comprend aisément que la loi, qui doit entourer de
toutes les garanties désirables les intérêts des incapables,
l'ait interdit au tuteur. Par le compromis, en effet,
on supprime bon nombre de formalités protectrices.
On substitue aux magistrats donnés par la loi des juges
choisis par les parties et sans aucun caractère public. Ce
n'est plus le code qu'on applique, c'est l'équité, et on sait
combien l'équité, dans certains cas, peut être périlleuse.
Enfin, devant les arbitres, les mineurs n'ont pas ce défen-
seur-né de leurs intérêts que la loi leur a donné : le ministère public,

Pour tous ces motifs, le tuteur ne peut compromettre : cela résulte manifestement des articles 1003 et 1004 du Code de procédure civile.

On a soutenu cependant que l'interdiction n'avait trait qu'aux droits immobiliers du mineur, et qu'en matière mobilière le tuteur pourrait valablement recourir à l'arbitrage (Demiau, Proc. civ. p. 62 et Bocher, Manuel des arbitres, n° 948).

Le principal argument est tiré des articles 457 et 464. d'où il résulterait que le tuteur aurait la libre disposition des droits mobiliers du mineur.

On ajoute que les contestations relatives aux meubles sont en général de minime importance et qu'il est utile d'éviter dans ce cas les frais énormes d'un procès.

Mais cette opinion est généralement repoussée, et avec raison.

Dire en effet que le tuteur peut de son plein gré disposer des meubles du mineur, c'est aller un peu loin en présence de l'art 452 ; aujourd'hui, cette assertion serait complètement fausse en présence de la loi de 1880.

D'ailleurs les art. 1003 et 1004 du code de procédure civile ne font aucune distinction, et *ubi lex non distinguit, homo distinguere non potest.*

C'est dans ce sens qu'a statué la cour de Bourges par un arrêt en date du 18 décembre 1840 (Sirey, 1841. 2. 587).

Mais il n'en reste pas moins vrai que cette législation ne donne pas au tuteur le moyen d'éviter pour des petites contestations les frais d'un procès qui souvent pourront dépasser la valeur même de l'objet litigieux. Touchées de cet inconvénient, la doctrine et la pratique ont imaginé des détours pour faire profiter les mineurs des avantages du compromis.

Le premier moyen nous est indiqué par Toulier qui semble l'approuver (T. 1, n° 1242). Il consiste à faire convertir la décision arbitrale en jugement *d'expédient,* qui est adopté par le tribunal sur les conclusions du ministère public.

L'autre moyen consiste à remplir les formalités prescrites par l'article. 467, pour la transaction (Carré, De la Procéd., n° 3251).

Ces moyens peuvent, dans certains cas, être avantageux pour le mineur. Mais ils ont un grand inconvénient, c'est d'être contraires à la loi. Nous ne pensons pas qu'il soit permis au tuteur de substituer d'autres garanties aux règles posées par le législateur et nous n'acceptons pas ces mots d'un héros d'une comédie moderne : « Je respecte la loi, puisque je la tourne. » M. de Fréminville qui repousse également l'emploi de ces procédés rapelle à ce propos ces paroles du tribun M. Mallarmé qui, dans son rapport au Tribunat, disait : « Ce serait permettre de faire, par une » voie indirecte, ce que la loi défend de faire directement, » que d'autoriser à compromettre sur des droits dont on » ne peut disposer, et, certes, on ne pourrait rencontrer » une pareille contradiction dans les lois de France. »

Le législateur a voulu défendre le compromis au tuteur : il ne doit pas essayer d'éluder par des moyens détournés cette prohibition. Cela peut offrir des inconvénients dans certains cas : mais c'est au législateur et non aux tribunaux à corriger les vices de la loi.

III. Un troisième acte absolument interdit au tuteur, c'est l'achat des biens du mineur (450 et 1596). La prohibition est générale et s'applique aux meubles aussi bien qu'aux immeubles.

Sur ce point les rédacteurs du code ont poussé l'interdiction plus loin que le droit romain et que notre ancien droit, qui maintenaient l'acquisition faite par le tuteur des biens du mineur *dans une vente publique*, *bonnement et sans mauvaise foi* (L. 5, §§ 4 et 5. *De auct. tut.* et Meslé, part. I. chap. IX, n° 3)

L'article 1596 en employant expressément le mot *adjudicataire*, indique bien que la défense de la loi s'étend aux ventes aux enchères. Le motif de la prohibition est bien connu. — Il faut éviter de placer le tuteur entre son intérêt et son devoir; son intérêt qui serait d'éloigner les enchérisseurs pour acheter au plus bas prix ; son devoir qui serait au contraire de donner les meilleurs renseignements sur les biens à vendre pour augmenter la concurrence et faire monter les enchères. Ne serait-il pas à craindre que, dans ce conflit dangereux, le devoir ne fût vaincu par l'intérêt? C'est ce que le législateur a redouté : de là l'article 450 et l'article 1596.

Mais, à ce principe, il faut apporter deux exceptions :

(*A*) Le tuteur est copropriétaire des meubles par indivis avec le tuteur. L'art. 450, quelque général qu'il soit, ne s'applique pas à cette hypothèse. D'abord, comme le fait remarquer la cour de Montpellier dans un arrêt rendu en ce sens, la loi ne défend au tuteur que l'acquisition des *biens appartenant au mineur;* or quand le mineur n'a que des droits indivis, on ne peut pas dire que ces biens lui appartiennent. L'esprit de la loi vient d'ailleurs en aide au sens littéral de ces termes, car si le législateur a voulu protéger la minorité, sa sollicitude n'a plus de raison d'être quand le tuteur a avec le mineur des intérêts tellement identiques et confondus, que le tuteur ne peut sauvegarder ses intérêts qu'en sauvegardant ceux du mineur lui-même. Ainsi dans ce cas, le tuteur pourra valablement se porter adjudicataire : seulement, il y aura lieu de nommer un tuteur *ad hoc*, afin de remplacer le tuteur.

(*B*) La seconde exception a trait au cas où le meuble, qu'il s'agit de vendre, aurait été donné en gage au tuteur. Dans ce cas, en effet, le titre de tuteur ne peut paralyser l'exercice légitime du droit de créancier. Du reste, le tuteur a intérêt à ce que l'objet soit vendu le plus cher possible.

Mais si, en dehors de ces hypothèses exceptionnelles, le tuteur a enfreint la prohibition de l'art. 450, quelles seront les conséquences de cette contravention ?

Nous avons ici une défense portée dans l'intérêt du mineur : donc le mineur et le mineur seul pourra demander la nullité de la vente (Art. 1125). Telle elle est la sanction qui s'induit des principes du droit.

IV. Le tuteur ne peut accepter la cession d'aucun droit ou créance contre son pupille (Art. 450).

Nous avons déjà indiqué les motifs de cette prohibition lorsque, dans notre étude sur le droit romain, nous nous sommes expliqués sur la novelle 72 qui en contient l'origine.

Toutefois, la transformation qu'avait subie cette prohibition dans notre ancien droit et les principes, qu'on doit toujours consulter à défaut de texte, ne nous permettent pas de donner à cette règle une application aussi étendue qu'elle avait dans le droit de Justinien, ni surtout une sanction aussi rigoureuse.

D'abord, quant à l'application, la novelle 72 prohibait toutes les cessions qui seraient faites au curateur, même à titre de donation : il n'en serait plus ainsi dans notre législation actuelle.

D'abord l'art. 450 parle de *cession*, or ce mot est pris en général dans nos lois dans le sens de cession à titre onéreux. De plus il n'y a pas à craindre ici la spéculation que l'on redoute quand il s'agit d'une acquisition non gratuite.

A la différence encore du droit romain, la prohibition n'existe que pendant la durée de la tutelle : c'est, en effet, au tuteur seulement que s'adresse la prohibition.

Le principe ne s'appliquerait pas non plus au cas où le tuteur trouverait dans une succession une créance contre le mineur : les motifs sont les mêmes que pour la donation.

Telle est l'étendue de la prohibition. Arrivons à la sanction. On connaît la disposition *sévère* du droit romain : c'était la libération du mineur, tant à l'égard du cédant qu'à l'égard du tuteur. Le pupille s'enrichissait aux détriments de son tuteur.

Nous ne pensons pas, quoique cette opinion ait été soutenue, que cette solution si *rigoureuse* doive être admise sous l'empire du Code civil. Il s'agit là, en effet, d'une peine prononcée contre le tuteur, et c'est un principe incontestable de notre droit, qu'il n'y a de peines que celles qui sont expressément prononcées par la loi.

Du reste, notre ancienne jurisprudence, sur ce point, s'était écartée de la solution rigoureuse de la loi romaine.

Dans une seconde opinion on enseigne que la cession, ainsi faite au mépris de la loi, serait frappée d'une nullité absolue, que les choses seraient remises au même état qu'auparavant : le cédant conserverait sa créance contre le mineur. Mais pour admettre la nullité absolue, il faudrait dire qu'il s'agit ici d'une nullité fondée sur l'intérêt public. Mais il s'agit ici d'une nullité établie dans l'intérêt d'un incapable, c'est à-dire d'une nullité relative.

Il faut donc arriver à résoudre la question à l'aide des principes généraux. Nous déciderons donc que le mineur peut demander la nullité de la cession, s'il y trouve avantage, ou bien laisser subsister le marché. Mais, dira-t-on, quel intérêt le mineur peut-il avoir à invoquer cette nullité? Le mineur pourrait avoir avantage à conserver comme créancier le cédant, s'il avait une créance à lui opposer en compensation.

Si, au contraire, le mineur ne dit rien, c'est le tuteur qu'il aura comme créancier. Mais sera-t-il tenu de lui payer la totalité de sa créance ? MM. Demolombe, Demante, Aubry et Rau, enseignent que, dans ce cas, le tuteur n'a le droit de réclamer que le prix qu'il a payé au cédant. Ainsi, ces auteurs établissent au profit du mineur une espèce de droit de retrait. L'argument est le suivant : dans ce cas, le tuteur est censé avoir agi pour le pupille, et non pour lui, puisque la loi le lui défend. Nous ne pouvons admettre ce raisonnement. Nous appuyant sur les principes, nous reconnaissons au mineur le droit de demander la nullité : mais s'il garde le silence, nous ne pouvons lui permettre une sorte d'expropriation des droits du tuteur. Pour cela, il faudrait un texte : ce texte n'existe que pour les droits litigieux. Du reste, si le tuteur a acheté à bas prix la créance contre le mineur, c'est sans doute parce que la solvabilité de ce dernier était douteuse. Il a couru les chances de tout perdre : il serait inique de lui enlever les bonnes chances de l'opération (1).

Si le tuteur ne peut se faire céder une créance contre son pupille, il peut certainement payer avec ses propres deniers les dettes du mineur. Mais peut-il payer avec subrogation? Pas de doute, s'il paie dans l'un des cas où la loi elle-même accorde la subrogation, par exemple s'il est codébiteur solidaire avec son pupille.

Mais, peut-il stipuler la subrogation en faisant un paiement volontaire ?

On a soutenu que non, en faisant remarquer que la subrogation n'était autre chose ici que l'achat de la créance.

(1) En ce sens, M. Bufnoir à son cours.

Nous n'acceptons pas cette solution. La subrogation et la cession se séparent par des différences importantes. Ces deux *opérations* se distinguent notamment par leur but. Le cessionnaire est poussé par un esprit de lucre, il spécule ; le subrogé est animé d'un sentiment de bienfaisance, il rend un bon office. La loi n'avait donc aucune bonne raison pour prohiber ce mode de paiement au tuteur : elle ne l'a pas fait.

Craint-on que, sous couleur de subrogation, les parties ne fassent une cession ? C'est une question que les tribunaux auront à apprécier en fait : *non sermoni res, sed rei est sermo subjectus.*

§ 2. — *Des actes pour lesquels le tuteur doit obtenir l'autorisation du conseil de famille et l'homologation du tribunal.*

Ce sont seulement les mesures relatives à la conservation de la fortune mobilière qui font l'objet de cette étude : en conséquence, dans notre analyse de l'art. 457, nous laisserons ce qui a trait à l'aliénation et à l'hypothèque des immeubles. En ce qui concerne l'hypothèque, une loi spéciale du 10 décembre 1874 a autorisé l'hypothèque conventionnelle des navires. Bien qu'il s'agisse là de meubles, nous appliquerions, par analogie, les dispositions de l'art. 547 : si un navire appartenait à un mineur, il ne pourrait être hypothéqué qu'avec l'autorisation du conseil de famille et l'homologation du tribunal.

I. Dans la catégorie dont nous commençons l'examen, nous trouvons d'abord l'*emprunt.*

Les formalités protectrices dont la loi a entouré cet acte intéressent en effet aussi bien le patrimoine mobilier des mineurs, que leur patrimoine immobilier. Celui qui emprunte, en effet, consent, par cela seul, sur tous ses biens meubles et immeubles, un droit que le créancier peut exercer par la voie de l'expropriation forcée (Art. 2093). Bien plus, quand le débiteur est un mineur, c'est d'abord son patrimoine mobilier qui est menacé : l'art. 2206 impose en effet au créancier du mineur, qui veut saisir, la discussion préalable du mobilier.

L'emprunt est donc un acte particulièrement dangereux pour la fortune mobilière du mineur : la loi a restreint, sur ce point, le pouvoir du tuteur en l'obligeant à se faire autoriser par le conseil de famille, et à faire homologuer par le tribunal la délibération relative à cet objet.

L'art. 56 du projet de loi (correspondant à notre art. 457) indiquait même limitativement les cas dans lesquels cette autorisation pouvait être accordée (Locré, Législ. civ. ,t. VII, p. 130).

L'art. 457, tel qu'il a été définitivement adopté, laisse au conseil de famille une plus large appréciation : toutefois cette latitude est restreinte en ce sens que cette autorisation ne doit jamais s'accorder que pour *nécessité absolue* ou pour *avantage évident*. La nécessité absolue suppose l'insuffisance des deniers, effets mobililiers et revenus ; cette insuffisance doit être établie par la présentation d'un compte sommaire.

Le tribunal, avant d'accorder son homologation , examinera si toutes ces conditions ont été remplies. Cette homologotion est en effet nécessaire, et nous ne nous arrêtons pas à l'opinion, généralement repoussée, d'après laquelle l'art. 458 n'exigerait cette formalité que pour l'aliénation des immeubles. Ce système est insoutenable en présence de l'art. 483 qui ne fait que répéter pour le mineur émancipé les conditions ici prescrites pour le mineur en tutelle.

Remarquons qu'aux termes de l'art. 458, le tribunal doit statuer en la chambre du conseil et après avoir entendu le procureur de la République. La loi a voulu éviter ici une publicité qui pourrait être nuisible au mineur : en effet pour obtenir la permission d'emprunter, il faut dévoiler l'embarras des affaires du pupille : c'est pour cela que le tribunal doit se prononcer dans la chambre du conseil. Quant à l'assistance du ministère public, nous savons qu'elle est nécessaire dans toutes les affaires concernant les incapables (Art. 83 du Code de proc. civ.).

Quant au mode et aux conditions de l'emprunt, il appartient au tribunal et au Conseil de famille d'indiquer au tuteur les mesures qu'ils jugeront utiles.

Telles sont les formalités que doit remplir le tuteur qui veut emprunter. S'il agit sans autorisation, il outrepasse ses pouvoirs : le mineur dans ce cas ne serait pas obligé par cet acte et le prêteur n'aurait aucune action contre lui (Art. 1998).

II. Un autre acte pour lequel le tuteur doit obtenir tout à la fois l'autorisation du conseil de famille et l'homologation du tribunal, c'est *la transaction*. Il faut même ici une formalité de plus, c'est l'avis de trois jurisconsultes désignés par le procureur de la République près le tribunal de première instance.

La transaction, aux termes de l'art. 2044, est un contrat par lequel les parties terminent une contestation née ou préviennent une contestation à naître.

Cette convention ne peut intervenir sans des concessions, des sacrifices réciproques : on conçoit alors que le tuteur ne puisse pas disposer seul des biens de son pupille. De plus il s'agit ici d'une contestation, par conséquent d'une question de droit à résoudre. Le législateur ne pouvait confier légèrement au tuteur le pouvoir de s'en

faire l'arbitre. De là la nécessité de s'adresser aux lumières de gens versés dans la connaissance du droit, de
prendre l'avis des jurisconsultes.

Sur cette condition, on s'est demandé s'il suffit que le
tuteur ait consulté trois avocats, lors même que la con-
sultation aurait été contraire au projet de transaction, ou
s'il est nécessaire que les jurisconsultes consultés aient
approuvé le projet ?

Nous croyons qu'il faut que l'avis soit favorable à la
transaction. Cela nous paraît résulter textuellement de
l'art. 407 qui dit : *de l'avis*, et non pas, *après avoir pris
l'avis*, comme disent d'autres dispositions du Code civil
(Art. 496 — 2144).

M. Demolombe invoque en faveur de cette opinion une
interprétation analogue qui fut donnée à des termes sem-
blables qui se trouvaient dans la Constitution de 1848 par
l'Assemblée législative dans la séance du 2 mai 1849 (*Moniteur* du 3 mai 1849).

Ainsi donc le tuteur doit, avant tout, obtenir une con-
sultation favorable au projet de transaction de trois jurisconsultes, désignés conformément à la loi. Puis il soumet
ce projet au conseil de famille, le fait approuver et fait homologuer par le tribunal la délibération ainsi obtenue.

Telle est la marche, l'ordre logique que le tuteur fera
bien de suivre. Il a été jugé cependant que cet ordre n'a-
vait rien de fatal et qu'il suffisait que les trois conditions
fussent remplies.

Mais le tuteur doit remplir ces formalités : sans cela,
la transaction pourrait être attaquée dans l'interêt du mineur.

En parlant de la nécessité de ces conditions, alors que
nous ne nous occupons que de la fortune mobilière, nous
avons par là même répudié l'opinion d'après laquelle l'art.

467 n'aurait trait qu'aux droits immobiliers du mineur. On a soutenu en effet que, relativement aux droits mobiliers du mineur, le tuteur pourrait transiger seul et sans aucune formalité.

Ce système, défendu par Merlin (Transaction, § 1, N° 3), avait été adopté par un arrêt de la Cour de cassation du 10 mai 1813 — Il est complètement abandonné aujourd'hui, tant par la doctrine que par la jurisprudence. La loi ne fait en effet aucune distinction, et les garanties sont aussi nécessaires pour les droits mobiliers que pour les droits immobiliers. C'est en ce sens que s'est prononcée assez récemment la cour de Paris : elle a déclaré nulle la transaction consentie par la mère tutrice relativement aux dommages-intérêts dus à ses enfants mineurs par un tiers responsable de la mort de leur père, si les formalités de l'art. 467 n'ont pas été observées (Arrêt du 14 août 1871. Sirey, 71, 2. 198).

III. Le tuteur doit encore obtenir l'autorisation du conseil de famille et l'homologation du tribunal, pour aliéner les meubles incorporels du mineur, *lorsque la valeur à aliéner dépasse, d'après l'appréciation du conseil de famille, 1,500 francs en capital.*

Voilà la règle depuis la loi du 27 février 1880 ; cette disposition a mis fin aux controverses qui s'agitaient sous l'empire du Code civil sur le point de savoir quels étaient les pouvoirs du tuteur, relativement à l'aliénation des meubles incorporels du pupille.

La question avait été tranchée législativement pour les rentes sur l'État et les actions de la Banque de France.

Aux termes de l'art. 1er de la loi du 24 mars 1806, le tuteur pouvait faire seul, sans autorisation, le transfert des inscriptions de rente cinq pour cent, qui n'excédaient pas cinquante francs.

Pour les inscriptions qui excédaient cinquante francs, l'autorisation du conseil de famille était nécessaire. La vente se faisait également suivant le cours du jour légalement constaté. Dans les deux cas la vente pouvait s'effectuer sans qu'il fût besoin d'affiches, ni de publications (Art. 3 de la loi du 24 mars 1806).

Bien qu'il y eût quelques dissidences sur ce point, on appliquait, par analogie, la loi de mars 1806 aux rentes 3, 4 et 4 et 1/2 pour cent, qui avaient été créées depuis cette époque.

Quant aux actions de la Banque de France, un décret du 25 septembre 1813 avait étendu les dispositions de la loi de 1806 au cas où les mineurs n'avaient qu'une seule action, ou un droit dans plusieurs actions n'excédant pas une action entière. Au-dessus de cette valeur l'autorisation du conseil de famille était nécessaire. Dans tous les cas, l'aliénation était dispensée d'enchères, d'affiches ou de publications.

Mais la difficulté subsistait pour les autres meubles incorporels. On se demandait ce qu'il fallait décider quand le tuteur avait à aliéner un office, un fonds de commerce, un droit de propriété littéraire ou artistique, une rente ou créance exigible sur particulier, une action dans une compagnie de finance, de commerce, ou d'industrie.

Dans un premier système, appliquant par analogie l'art. 457, on exigeait l'autorisation du conseil de famille et l'homologation du tribunal.

Dans un second système on s'en tenait à l'art. 452 et on exigeait seulement que la vente fût faite avec les formalités prescrites par cet article.

L'opinion qui avait prévalu et que la jurisprudence avait adoptée après quelques hésitations, c'est que la vente pouvait avoir lieu à l'amiable et sans aucune autorisation. On se fondait sur ce que le tuteur étant le représentant du mineur, l'administrateur de tous ses biens, peut faire seul tous les actes que la loi ne lui a pas défendus ou soumis à des conditions spéciales. C'est ainsi que la Cour de cassation (Chambre des requêtes) décidait que le tuteur pouvait aliéner un fonds de commerce, sans observer les formalités de l'art 452 (Arrêt du 21 juillet 1873, Dalloz, 1874, 1, 264).

La même doctrine est contenue dans un arrêt du 4 août 1873, où la Cour suprême déclare dans ses motifs : « qu'aucune loi n'impose au tuteur l'obligation de consulter le Conseil de famille avant d'aliéner les meubles incorporels du mineur, autres que les rentes sur l'État et les actions de la Banque de France ».

Malgré cette jurisprudence, plusieurs Compagnies industrielles ne voulurent pas reconnaître aux tuteurs cette latitude que la loi leur accordait, et craignant de compromettre leur responsabilité, refusaient de traiter sans que le tuteur fût autorisé. Tous ces embarras appelaient l'intervention du législateur, qui est en effet venu donner satisfaction aux réclamations qui s'étaient produites à cet égard.

La loi de 1880, dans ses articles 1, 2 et 3, indique à quelles conditions et dans quelles formes l'aliénation des droits mobiliers du mineur pourra être effectuée par le tuteur.

Nous avons à voir d'abord à quels tuteurs s'appliquent ces dispositions, quels sont les meubles dont elles ont réglé l'aliénation, quelles autorisations sont nécessaires, dans quelle forme cette aliénation doit avoir lieu, enfin quelle est la sanction des prescriptions de la loi sur ce point.

(A). En premier lieu les règles de la loi nouvelle s'appliquent à tous les tuteurs, aux tuteurs légaux, comme aux tuteurs datifs. D'abord le texte ne distingue pas, ce qui serait suffisant pour ne pas distinguer nous-mêmes : de plus les travaux préparatoires ne peuvent laisser de doute à cet égard. On craignait que les précautions imposées aux tuteurs en général ne fussent une sorte de suspicion tendant à amoindrir l'autorité paternelle, et un amendement, d'abord présenté au Sénat mais retiré ensuite par son auteur (1), désirait que le conseil de famille décidât si le père tuteur serait ou non soumis aux restrictions nouvelles. Cela n'a pas abouti. La même question s'est posée devant la commission de la Chambre des députés et elle a été résolue dans le même sens qu'au Sénat. Le rapporteur de la loi, M. Jozon, en donne les motifs : « La » commission, dit-il, a pensé que les tuteurs légaux sont » précisément ceux pour lesquels la loi nouvelle peut » être, dans certains cas, le plus nécessaire. Les tuteurs » datifs sont choisis en raison même de leur aptitude à » être de bons tuteurs. Les tuteurs légaux ne tiennent au » contraire leur qualité que de leur degré de parenté avec » le mineur. On objecte vainement que l'affection des pa- » rents pour leurs enfants est aussi une garantie sérieuse. » Cette considération est juste, mais seulement dans une » certaine mesure. Cette affection ne saurait donner par » elle seule au père, à la mère surtout, quand elle est, » comme il arrive quelquefois, absolument ignorante en fait » d'administration, la capacité et l'expérience qui lui » manquent (2). »

Nous pensons que c'est avec raison en effet que les père et mère n'ont pas été dispensés des prescriptions nouvelles. L'art. 457 du Code civil les soumet en effet aux mesures qu'il édicte : or les motifs sont les mêmes dans les

(1) *Journ. officiel* du 5 février 1880.
(2) Ce rapport se trouve dans le *Journal officiel* du 7 avril 1879.

deux cas. L'autorité paternelle n'a pas été amoindrie par cette exigence des rédacteurs du Code; elle ne le sera pas davantage par celle du législateur de 1880.

(B). Quels sont les objets mobiliers auxquels s'appliquent les dispositions de la loi du 27 février 1880 ? Ce sont tous les meubles incorporels. Le projet du gouvernement disait : *les droits incorporels,* comme l'a fait le Code civil, dans la rubrique du chapitre VIII, du titre de la vente. C'est avec raison qu'on a substitué à ces mots l'expression qui se trouve définitivement dans la loi, car, comme l'a dit le rapporteur, un droit est toujours incorporel. La loi énumère quelques-uns de ces meubles, rentes, actions, parts d'intérêts, obligations et *autres meubles incorporels* quelconques, ajoute-t-elle, afin de montrer qu'elle est aussi compréhensive que possible. Donc, tout ce qui est meuble incorporel est compris dans l'application de la loi. Nul doute, par exemple, que le tuteur ne dût se conformer aux prescriptions nouvelles, si le mineur se trouvait héritier d'un notaire, d'un avoué, et qu'il fût question de vendre la charge qui se trouve dans la succession. Il en serait de même, si dans le patrimoine du pupille se trouvait un manuscrit, et qu'il fût question de céder à un éditeur le droit de le publier ; une pièce de théâtre, une partition de musique et qu'on voulût traiter avec un directeur pour le droit de représentation. La loi s'applique encore aux brevets d'invention, aux fonds de commerce, en un mot aux valeurs de toute nature.

Remarquons que la loi dans sa généralité comprend aussi les rentes sur l'État, ce qui entraîne l'abrogation implicite de la loi de 1806, et du décret du 25 septembre 1813. Toutefois, pour qu'il n'y ait aucun doute sur ce point, la loi a eu soin de s'en expliquer expressément

dans son article 12. Il suit de là qu'aujourd'hui, quant à
ces derniers biens, le mineur est protégé d'une manière
plus efficace, puisque, dans tous les, cas, le tuteur doit
obtenir l'autorisation du conseil de famille pour procéder
à l'aliénation, et dans certains cas même, l'homologation
du tribunal.

(C). Entrons maintenant plus avant dans l'examen de
la loi, et voyons dans quels cas le tuteur doit obtenir à
la fois, l'autorisation des parents du mineur et celle de
la justice.

La loi part d'abord de ce principe, posé dans l'art. 1er,
que jamais le tuteur ne pourra aliéner seul un meuble incorporel de son pupille. Il lui faudra toujours une autorisation
préalable, celle du conseil de famille. Maintenant la prévoyance de la loi va plus loin, et elle exige, dans certains
cas, que la délibération du conseil de famille soit homologuée par la justice.

L'homologation est nécessaire lorsque la valeur des
meubles incorporels à aliéner dépassera, d'après l'appréciation du conseil de famille, 1,500 francs en capital.

Mais cette règle, qui nous semble fort raisonnable, n'a
pas été admise, sans passer, pendant la discussion, par
les péripéties les plus variées.

Le projet du gouvernement se contentait dans tous les
cas de l'autorisation du conseil de famille : on évitait ainsi
les frais de l'homologation. La commission du Sénat
ajouta la nécessité de l'homologation judiciaire pour les
affaires dont l'intérêt était supérieur à 5,000 fr. M. Denormandie en donne une raison qui nous paraît excellente :
« La législation qui est actuellement en vigueur, dit-il,
» impose en matière d'aliénation immobilière, l'homolo-
» gation par le tribunal ; or, comment admettre qu'un
» morceau de terre d'une valeur tout à fait minime, ne

» puisse être vendu sans l'attache de la justice, tandis
» que l'aliénation d'une fortune mobilière considérable
» pourrait échapper au contrôle et à l'examen des ma-
» gistrats ? »

Mais, lors de la deuxième délibération, M. Jules Favre,
dans un langage des plus élevés, combat cette différence
de protection, faite aux petites et aux grandes fortunes,
et, dans un esprit d'égalité, il réclame pour tous les cas,
le concours de la justice dont il reconnaît et proclame
l'utilité. Pour donner satisfaction à ces observations, la
commission décide, et le Sénat approuve sa décision, que,
en cas d'unanimité, il n'y aura jamais recours au tribunal, quel que soit le chiffre de la valeur à aliéner ;
mais, à l'inverse, le tribunal devait intervenir même pour
les plus minces valeurs (1).

Mais devant la Chambre des députés, la distinction faite
par le Sénat est reprise. Seulement on abaisse le chiffre
pour lequel l'homologation sera nécessaire : c'est 1,500
francs et c'est là la valeur qui a été définitivement admise.

Nous croyons que cette règle, telle qu'elle a été définitivement adoptée, est parfaitement justifiable et vaut
mieux que celle qu'avait d'abord préférée le Sénat.

En effet, l'unanimité du conseil n'est pas une garantie
suffisante, car l'expérience montre que les parents
acceptent trop souvent, un peu en aveugles, tout ce que
leur propose le tuteur, ne voulant pas se donner la peine
d'en examiner l'utilité, et voulant laisser au tuteur toute
la responsabilité. De plus, on ne saurait admettre que la
simple dissidence d'un seul puisse, par pur caprice, contre le
sentiment d'une majorité bien réfléchie, imposer des
frais et des lenteurs pour de petits intérêts, en obligeant
de recourir à la justice.

(1) *Journal officiel*, 28 mai 1878.

Enfin, comme l'a fait remarquer M. Jozon, c'est là
une règle partout admise dans notre droit, que cette
habitude de proportionner les garanties prescrites par la
loi à l'intérêt en jeu, d'exiger des formalités d'autant
plus sérieuses qu'il s'agit d'un intérêt pécuniaire plus
considérable. C'est là le système admis, par exemple,
pour régler la compétence de nos tribunaux. Les jugements sont en dernier ressort, quand ils n'ont statué
que sur des valeurs de minime importance : la somme de
1,500 francs est précisément la limite tracée, en matière
personnelle et mobilière, par la loi du 11 avril 1838,
pour la compétence, en dernier ressort, des juges de
première instance.

Ainsi donc, c'est, d'après l'art. 2 de la loi, au-dessus de
1,500 francs en capital, que l'homologation du tribunal
est nécessaire. Remarquons que c'est au conseil de famille
à apprécier la valeur des meubles incorporels à aliéner.

Pour faire cette appréciation, le conseil s'éclairera par
tous les moyens qu'il jugera convenables. Pour les valeurs
cotées à la Bourse, il a un guide tout indiqué : il n'aura
qu'à prendre connaissance de la cote officielle au jour de
la délibération. De même, pour les offices, la pratique
administrative, qui calcule leur valeur d'après le revenu
net des cinq dernières années d'exercice, fournit une
indication acceptable. Pour les autres valeurs, il pourra
demander des renseignements à un notaire, à un agent
de change, à un banquier. Mais nous pensons qu'en présence des termes de la loi, toute latitude est laissée au
conseil de famille, et qu'il n'est astreint à aucun procédé
particulier. Mille circonstances, en effet, peuvent modifier
les apparentes indications fournies par les moyens que
nous venons d'indiquer. Remarquons, du reste, que si le
conseil de famille donnait à la valeur, une appréciation

inférieure à la réalité, l'art. 883 du Code de procédure, qui est toujours applicable, permettrait la plupart du temps, d'attaquer la délibération.

Mais une question se présente ici, au sujet de l'homologation ?

Supposons qu'une valeur, qui valait moins de 1,500 francs au jour de la délibération, ait augmenté de valeur depuis cette époque et se trouve valoir 1,800 francs, par exemple, au jour de la vente ? l'homologation du tribunal sera-t-elle nécessaire ? L'agent de change pourra-t-il procéder à la vente, ou pourra-t-il se refuser d'y procéder, parce que la délibération n'aura pas été homologuée par le tribunal ? Une circulaire du ministre de la justice, relative à notre loi, a tranché la question dans un sens qui nous paraît, en effet, parfaitement conforme au texte de l'art. 2. Elle décide que c'est uniquement au jour de la délibération du conseil, et non au jour de la vente, qu'il faut se placer et que les variations que pourra subir la valeur à aliéner entre ces deux époques sont sans influence à cet égard. Le texte est en effet décisif en faveur de cette opinion : c'est seulement lorsque la valeur dépasse 1,500 francs, *d'après l'appréciation du conseil de famille*, que l'homologation du tribunal est requise par la loi.

Tels sont les cas dans lesquels l'homologation est exigée. Pour la donner, le tribunal statuera en la chambre du conseil, le ministère public entendu. Tout cela est conforme à l'art. 458. Nous avons indiqué les motifs de cette règle en expliquant cet article : nous n'y revenons pas. Mais la loi ajoute : « *Dans tous les cas, le jugement sera rendu en dernier ressort.* »

Dans tous les cas : ceci vise à la fois le cas où la délibération est sujette à homologation, et celui où la délibération, non unanime, sur une valeur inférieure à 1,500 francs, serait déférée au tribunal conformément à l'art. 883 du Code de pr. civile : c'est ainsi qu'il faut expliquer ces mots du paragraphe final de l'art. 2. — Quant à la règle elle-même, elle est une innovation de la loi de 1880. En cela, en effet, elle déroge à l'article 889 du Code de procédure civile et à l'article 448 du Code civil, qui déclarent que les jugements rendus sur les demandes en nullité de délibération et les jugements d'homologation de délibération sont susceptibles d'appel.

Nous ne pouvons qu'approuver cette disposition qui évitera des frais et des lenteurs. Quand le conseil de famille et le tribunal se sont prononcés, l'affaire a subi en quelque sorte deux degrés de juridiction : c'est là une garantie suffisante pour le mineur.

Il nous reste, avant d'aborder la quatrième question sur cette matière, à voir si dans tous les cas l'aliénation des valeurs mobilières appartenant à un mineur sera valable, pourvu qu'elle ait été autorisée par le conseil de famille, et, suivant les cas, par le tribunal. La cession des valeurs mobilières s'opérera-t-elle régulièrement, en observant les prescriptions des articles 1 et 2 de la loi de 1880, quels que soient les résultats de l'opération ?

Cette question s'est présentée devant le tribunal de la Seine dans les conditions suivantes : des valeurs mobilières, dans l'espèce des actions de la Compagnie de Paris à Lyon et de la compagnie du Nord, appartenaient indivisément, par suite d'une succession, à la mineure V... et à deux cohéritiers majeurs. Il aurait fallu procéder au partage, mais pour éviter les formalités judiciaires qui, comme nous le verrons, sont ici nécessaires, le tuteur avait imaginé de céder les droits de sa pupille à son cohéritier majeur. A cet effet, il se fit autoriser à effectuer la cession par une délibération du conseil de famille tenue, sous la présidence de M. le juge de paix du dix-septième arrondissement de Paris, le 1ᵉʳ avril 1880. Puis comme les actions à aliéner valaient plus de 1,500 francs, l'homologation prescrite par la nouvelle loi fut demandée au Tribunal de la Seine, qui rendit le jugement suivant :

« Le Tribunal....

» Attendu que l'aliénation autorisée dans ces conditions n'a pour objet, ainsi d'ailleurs que l'énonce formellement la délibération, que de faire cesser l'indivision existant entre les consorts V... ;

» Qu'il s'agit, en réalité, par conséquent, d'effectuer un partage de valeurs dépendant de la succession de la *de cujus* ; mais attendu que tout partage dans lequel un mineur est intéressé, ne peut avoir lieu que suivant les formes des articles 838 du C. civ. et 976 et suivants du Code de procédure civile ;

» Que c'est après seulement l'accomplissement de ces formalités que les droits dépendant d'une succession peuvent être légalement déterminés ;

» Attendu que dès lors les valeurs dont il s'agit n'ayant pas été l'objet d'une attribution régulière aux divers intéressés, l'aliénation de la part revenant à la mineure V.... ne peut, en l'état, être autorisée ;

» Qu'il n'y a pas lieu d'homologuer la délibération du conseil de famille ;

» *Par ces motifs :* — Rejette la demande à fin d'homologation de la délibération du conseil de famille du 1ᵉʳ avril 1880 (1). »

Telle est la doctrine du Tribunal de la Seine. Nous la croyons parfaitement juridique, et malgré les lenteurs et

______

(1) Ce jugement est du 23 juin 1880. Il est rapporté dans la *Gazette des Tribunaux* du 20 juillet 1880.

les frais qu'elle occasionnera, nous pensons qu'elle est seule acceptable.

Sans doute, on pourrait objecter que les art. 1 et 2 de la loi nouvelle sont conçus en termes généraux et ne font aucune distinction. Mais il est facile de répondre qu'il ne s'agit pas ici d'une cession, mais d'un partage. Or, la loi de 1880 n'a pas pour but de régler les formes du partage. Cette loi, du reste, a voulu augmenter les garanties accordées aux incapables et non pas les diminuer. Enfin, on peut tirer argument de l'art. 5, § 2, de la loi qui dispose que les formalités imposés au tuteur devront être faites dans le délai de trois mois à partir de l'attribution, ou de la mise en possession de ces valeurs. Or, il est bien certain qu'il n'y a d'attribution définitive que lorsque les opérations de licitation, partage et liquidation ont été faites. Jusque-là, le droit du mineur n'est pas mathématiquement déterminé : il ne saurait être question d'en autoriser l'aliénation.

C'est un partage qu'il faut faire : or, c'est là un acte régi par le Code civil, et auquel n'a pas touché la loi du 27 février 1880 (1).

(D). L'aliénation une fois autorisée, comment et dans quelles formes est-elle effectuée ?

La loi en principe ne pose aucune règle à cet égard. L'art. 1er porte : « *Le conseil de famille, en autorisant l'aliénation, prescrira les mesures qu'il jugera utiles.* »

Ceci se réfère à deux ordres d'idées : 1° aux conditions mêmes de l'aliénation ; 2° à l'emploi provenant du prix de l'aliénation.

Examinons successivement ces deux points :

(1) En ce sens, M. Testoud, *Rev. crit. de lég.*, 1880, t. 9, p. 691, — et M. Paul Coulet, *Commentaire de la loi des* 27-28 *fév.* 1880.

(a). Conditions de l'aliénation. Il y a d'abord une hypothèse, la plus importante de toutes, dans laquelle la loi détermine d'une manière précise dans quelle forme doit être faite l'aliénation. C'est le cas où il s'agit de valeurs susceptibles d'être négociées à la Bourse, à un cours officiellement déterminé. Dans cette hypothèse, aux termes de l'art. 3, il doit être procédé à l'aliénation par le ministère d'un agent de change, au cours moyen du jour. C'est là une nouvelle garantie en faveur du mineur: l'agent de change est un officier public, qui constatera officiellement le chiffre du produit de la vente. On évite ainsi les trafics auxquels le tuteur aurait pu se livrer. De plus en obligeant l'agent de change à vendre au cours moyen du jour, on a ainsi une moyenne très raisonnable. L'agent de change traitera à forfait à l'entrée de la Bourse : et, s'il n'a pas vendu au plus cher, au moins est-il certain qu'il n'aura pas vendu au plus bas prix de la journée.

Quant aux valeurs non cotées à la Bourse, le principe posé plus haut reprend son empire, et le Conseil de famille a toute liberté pour fixer les conditions de la vente. M. Paul Coulet déclare que dans ce cas on sera obligé de recourir à la vente par adjudication aux enchères, en l'étude d'un notaire. Il pense qu'on doit suivre les formalités prescrites par l'art. 452 du Code civil pour la vente des meubles et objets mobiliers. C'est là une erreur : il résulte en effet de l'art. 1er que le conseil de famille peut indiquer les mesures qu'il juge utiles. Rien ne l'oblige à s'en tenir à l'adjudication publique. Du reste, il y a des meubles incorporels, comme les offices, pour lesquels ce mode de procéder serait complètement impossible. C'est d'ailleurs ce qu'a dit expressément M. Denormandie dans son rapport : « S'il est souvent utile de vendre ces valeurs aux enchères publiques, il est parfois indispensable de les réaliser de gré à gré et au mieux des intérêts du propriétaire. Elles peuvent être utilement aliénées sur telle place plutôt que sur telle autre et dans telle ou telle condition. En résumé, et pour les valeurs de cette nature, comme il était impossible de tout prévoir, il était impossible d'imposer un mode de procéder. »

(b). De l'emploi provenant du prix de l'aliénation. — Nous avons vu qu'aux termes de l'art. 6 de la loi, le tuteur doit faire emploi des capitaux, dans le délai de trois mois.

Il doit donc faire emploi du prix de vente.

Le conseil de famille, qui peut prescrire les mesures qu'il jugera utiles, peut indiquer de quelle manière il entend que cet emploi soit fait. Il peut obliger le tuteur par exemple à acheter des immeubles, ou à placer les deniers sur première hypothèque.

Que si le conseil de famille n'a rien prescrit à cet égard, nous pensons que le tuteur, dans le silence de la loi, peut agir comme bon lui semble, pourvu qu'il administre en bon père de famille. Nous retrouverons cette question, quand nous parlerons des actes que le tuteur peut faire tout seul.

(E). Nous arrivons enfin à notre dernière question sur cette matière : que décider si, dans l'aliénation, le tuteur ne s'est pas conformé aux prescriptions de la loi ?

Il y a d'abord une sanction, indiquée par l'art. 7 de notre loi, que nous avons déjà mentionnée, c'est l'obligation imposée au subrogé tuteur de faire comparaître devant le conseil de famille le tuteur qui aurait contrevenu aux dispositions de la loi.

Mais qui ne s'aperçoit combien cette sanction est imparfaite ? Les subrogés tuteurs, responsables seulement

de leur dol ou de leur faute lourde, restent en général,
quant à la gestion du tuteur, dans l'indifférence la plus
complète. Or la loi nouvelle les invite bien à sortir de
cette inaction, mais elle ne pose aucune peine pour assurer qu'en effet ils exerceront cette surveillance plus
effective qu'elle désire. N'est-il donc pas à craindre que
cette disposition impérative s'adressant au subrogé tuteur
ne produise pas les résultats espérés ?

Mais quel sera le sort des actes irrégulièrement passés
par le tuteur ? La loi n'ayant rien dit, il faut, croyons-
nous, se référer aux principes généraux. Il faut appliquer
le droit commun, en matière de nullité des actes intéressant des incapables, soumis à des formalités exceptionnelles, établies dans l'intérêt de ces personnes et qu'on
n'a pas observées. Le mineur devenu majeur pourra
donc demander la nullité de l'aliénation. Les tiers eux-
mêmes pourront être atteints par cette action en nullité,
à moins qu'il ne s'agisse de titres au porteur, auxquels,
pensons-nous, s'applique l'art. 2279.

Mais si les tiers peuvent se voir inquiéter à raison
de l'inobservation des formalités des art. 1 et 2 de la loi,
ils ne sont jamais garants de l'emploi, alors même qu'il
aurait été prescrit par le conseil de famille. Cela résulte
des travaux préparatoires de la loi (1) et des termes
de l'art. 6, *in fine,* sur lesquels nous reviendrons plus
loin.

IV. — Il nous faut signaler encore un dernier acte pour
lequel le tuteur doit obtenir l'autorisation du conseil de
famille et l'homologation du tribunal : *c'est la conversion
des titres nominatifs en titres au porteur, quand la valeur
à convertir dépasse, d'après l'appréciation du conseil de*

______

(1) *Journal officiel* du 22 mai 1878, — discussion d'un amendement
de M. Léon Clément.

famille, 1,500 francs un capital (Art. 10 de la loi du 27 février 1880).

Nous avons vu que la loi impose, en principe, au tuteur, l'obligation de convertir, dans un certain délai, en titres nominatifs les titres au porteur appartenant à son pupille. Il était donc naturel qu'il ne pût, de sa propre autorité, faire l'opération inverse, c'est-à-dire la conversion des titres nominatifs en titres au porteur. De là l'art. 10 de notre loi qui soumet cette conversion aux mêmes règles que l'aliénation elle-même.

La loi a ainsi tranché une difficulté qui s'était élevée dans la pratique. Une personne ayant des titres nominatifs qu'elle ne pouvait aliéner pouvait-elle les convertir en titres au porteur? Quelle est la valeur juridique de cet acte? Est-ce un acte d'aliénation ou un simple acte d'administration? M. Lyon-Caen (1) soutenait énergiquement qu'il fallait traiter cette opération comme une véritable aliénation. Mais la jurisprudence s'était prononcée en sens contraire et considérait la conversion des titres nominatifs en titres au porteur comme un simple acte d'administration : Deux arrêts, rendus par la cour de cassation, l'un le 4 août 1873, l'autre le 19 juin 1876, mettent parfaitement en lumière les raisons militant en faveur de cette dernière doctrine (2).

Nous n'avons pas à nous arrêter sur cette controverse qui n'a plus, au moins pour notre matière, qu'un intérêt historique. En effet la loi de 1880 a proclamé officiellement l'assimilation entre la conversion dont il s'agit et l'aliénation. Donc le tuteur devra obtenir l'autorisation du conseil de famille, et l'homologation du tribunal si le titre à convertir a une valeur supérieure à 1,500 fr. en capital. Quel que

(1) Sirey, 1862-2-321. Voir note au bas de l'arrêt.
(2) Sirey, 1873-1-441. Le journal *Le Droit*, 2 juillet 1876.

fût, au point de vue juridique, le bien fondé de la jurisprudence admise sur cette question, le législateur a eu raison de la trancher dans le sens indiqué par la loi. En effet, le système contraire eût été plein de dangers pour le mineur, car le tuteur eût facilement échappé par là aux restrictions apportées par la loi à son pouvoir d'aliéner. Déjà l'art. 9 de l'ordonnance du 29 avril 1831 prohibait d'une manière absolue la conversion au porteur des rentes appartenant aux mineurs : la loi de 1880 est venue généraliser cette protection.

§ 3. — *Des actes pour lesquels l'autorisation du conseil de famille est tout à la fois nécessaire et suffisante.*

I. Nous pouvons placer en tête de cette catégorie l'aliénation des meubles incorporels du pupille, quand la valeur à aliéner ne dépasse pas 1,500 francs en capital. C'est ce qui résulte de l'art. 1ᵉʳ de la loi du 27 février 1880.

On avait proposé, paraît-il, dans le sein de la commission de la Chambre des députés, de n'exiger l'intervention du conseil de famille, que lorsque l'aliénation projetée dépasserait une certaine valeur. C'est la distinction qui servait de base à la loi du 24 mars 1806 et au décret du 25 septembre 1813. Cette proposition fut repoussée. Le rapporteur en donne les motifs : le désir de simplifier l'application de la loi, la rareté des cas prévus, la nécessité de protéger également les petites fortunes, enfin la volonté d'empêcher le tuteur d'abuser du pouvoir qu'on lui aurait accordé, en faisant des aliénations partielles, et de le mettre dans l'impossibilité de faire en détail ce qu'il lui est défendu de faire en bloc.

Ainsi, quelque minime que soit la valeur à aliéner, le tuteur doit obtenir l'autorisation du conseil de famille.

Quant à la manière dont le conseil donne l'autorisation qu'on lui demande, quant aux formes de l'aliénation et à la sanction de la loi, les règles sont les mêmes que pour les valeurs supérieures à 1,500 francs. Les développements que nous avons donnés en expliquant cette hypothèse reçoivent encore ici leur entière application.

II. Nous n'avons pas non plus, et pour le même motif, à insister sur la conversion des titres nominatifs en titres au porteur. Cette opération est assimilée par la loi nouvelle à une aliénation en conséquence le tuteur devra obtenir l'autorisation du conseil de famille, mais cette autorisation sera suffisante, quand le titre à convertir ne dépassera pas 1,500 francs (Art. 10 de la loi de 1800).

III. Arrivant maintenant au code civil, nous trouvons d'abord l'acceptation ou la répudiation d'une succession.

Nous n'avons pas donner de longs détails sur ce point, car il n'intéresse pas d'une manière spéciale l'administration de la fortune mobilière des mineurs. En exigeant dans cette hypothèse l'autorisation du conseil de famille, l'art. 461 du code civil a posé une règle protectrice des intérêts du mineur.

Que le tuteur ne puisse seul renoncer à une succession échue à son pupille, cela va de soi; en effet l'héritier est saisi de plein droit des biens de la succession. Renoncer c'est donc aliéner.

Poussant cette idée un peu loin, M. Delvincourt avait soutenu que la délibération du conseil autorisant le tuteur à renoncer devait être homologuée par le tribunal, au moins quand la succession comprenait des droits immobiliers. Mais ce système, évidemment contraire au texte de l'art. 461, a été repoussé par la jurisprudence et par la très grande majorité des auteurs (1).

Quant à l'acceptation, comment expliquer la nécessité de l'autorisation du conseil de famille, alors que cette acceptation doit avoir lieu nécessairement sous bénéfice d'inventaire ? Il semble, en effet, au premier abord, que le mineur ne court aucun risque, puisqu'en sa qualité d'héritier bénéficiaire, il n'est tenu que jusqu'à concurrence de son émolument. Mais un examen un peu attentif permet de justifier complètement le système du code sur ce point. La nécessité du rapport, auquel est soumis l'héritier bénéficiaire (Art. 843) peut en effet déterminer le tuteur à préférer, dans l'intérêt bien entendu de son pupille, la renonciation à l'acceptation.

Ce serait en effet le meilleur parti à prendre, si les dons et legs faits au mineur, sans dispense de rapport, excédaient sa part héréditaire dans la succession *ab intestat*. En outre, si la succession est évidemment mauvaise, pourquoi détourner le tuteur des soins de la gestion tutélaire, pour le jeter dans les embarras d'une liquidation, et même dans ses périls, car l'héritier bénéficiaire est responsable, vis-à-vis des créanciers du défunt, de l'administration de l'hérédité ?

Donc tant pour accepter que pour renoncer, l'autorisation du conseil de famille est à la fois nécessaire et suffisante.

Cette règle serait également applicable à un legs universel ou à titre universel : elle s'appliquerait, par exemple, au legs de tous les meubles. Le légataire universel et à titre universel est en effet tenu des dettes de la succession (Art. 1009 et 1012): donc les motifs de décider sont les mêmes (2).

____

(1) Cour de Toulouse, 5 et 11 juin 1829. — En ce sens : Demolombe Valette, Aubry et Rau, Laurent. — *Contra*, Delvincourt.

(2) En ce sens, Dijon, 10 juillet 1879 (Dalloz, 1880. 2. 129).

La même autorisation serait encore nécessaire, mais suffisante au tuteur pour exercer le retrait successoral. On a soutenu cependant que cet acte pouvait être fait par le tuteur tout seul et cette solution a même été adoptée par un arrêt de la cour de Grenoble du 16 avril 1858 (Sirey, 1859. 2. 87). Nous ne saurions nous ranger à cette doctrine. En effet il y a là une aggravation de l'acceptation : en conséquence l'art. 461 est *à fortiori* applicable.

Remarquons que l'art. 462 permet au tuteur, muni de la même autorisation, ou au mineur devenu majeur de revenir sur la répudiation qui aurait été faite. Ce n'est pas une faveur admise à cause de la minorité, car la même faculté existe pour les majeurs (Art. 790). Seulement en proclamant cette possibilité de revenir sur leur décision, la loi veut que les héritiers respectent les droits acquis à des tiers. La différence de rédaction entre les articles 790 et 462 a donné lieu à une difficulté dont l'examen sortirait de notre cadre. Contentons-nous donc de donner la solution qui nous paraît la plus conforme aux principes : nous pensons que la prescription a pu courir au profit de tiers pendant l'intervalle qui s'est écoulé entre la répudiation faite par le tuteur et la reprise de la succession par le mineur devenu majeur ou par le tuteur lui-même. Mais la question est controversée.

IV. On peut encore, dans une certaine mesure, signaler comme mesure de protection de la fortune mobilière du mineur la disposition de l'art. 463.

Aux termes de cet article, pour accepter une donation faite au mineur, le tuteur doit y être autorisé par le conseil de famille. A notre sens, le vrai motif de cette restriction des pouvoirs du tuteur est une considération toute d'ordre moral.

Le mobile du donateur peut être déshonnête : il appartient à la famille, gardienne de son honneur, d'apprécier les motifs de la libéralité et de pouvoir la refuser si elle le juge convenable.

L'intervention de la famille peut aussi s'expliquer d'une autre manière : la donation peut être accompagnée de charges. Elle doit s'assurer que ces obligations n'excèdent pas le profit que le pupille pourra en retirer. A ce second point de vue, on peut voir dans la nécessité de cette autorisation une sauvegarde des intérêts pécuniaires, de la fortune mobilière du mineur.

V. L'autorisation du conseil de famille est encore nécessaire, mais suffisante au tuteur pour provoquer un partage (Art. 465).

Nous verrons dans le paragraphe suivant que le tuteur au moins pour les actions qui nous intéressent, c'est-à-dire les actions mobilières, peut les exercer seul. Une exception est faite à cette règle : elle a trait à l'action en partage. En effet le tuteur doit être autorisé par le conseil de famille, alors même que la succession à partager ne comprendrait que des meubles : la loi ne fait aucune distinction.

Le motif de cette exigence de la loi, c'est que bien que le partage soit considéré par notre code comme simplement déclaratif, il n'en constitue pas moins, dans la réalité des choses, un acte d'aliénation. De plus, le partage devant se faire en justice, il sera souvent de l'intérêt du mineur de rester dans l'indivision jusqu'à sa majorité, afin d'éviter des frais considérables : l'intérêt du mineur peut aussi exiger que l'on procède au partage. On doit se décider d'après les circonstances : le législateur n'a pas voulu laisser le tuteur seul maître d'apprécier ces intérêts divers.

Remarquons que si le tuteur ne peut seul provoquer un partage, il peut seul répondre à une demande en partage dirigée contre le mineur. En effet nul n'étant tenu de rester dans l'indivision (Art. 815), le partage doit avoir lieu nécessairement : il est inutile de demander au conseil de famille une autorisation qu'il ne pourrait refuser.

Remarquons que ces règles s'appliquent à tout partage : peu importe la cause de l'indivision : succession, communauté, société : le texte est général, et les motifs sont les mêmes dans tous les cas.

Tels sont les pouvoirs du tuteur. Mais la loi se montre soucieuse des intérêts des mineurs en ce sens encore qu'elle veut que le partage, dans lequel le pupille est intéressé soit fait en justice (Art. 466, 819 et suiv. Code civ. et art. 966 et suiv. du Code de proc. civ.).

Notre ancienne jurisprudence était encore plus sévère et elle ne permettait pas aux tuteurs de demander un partage définitif. Le partage, dans lequel un mineur étaii intéressé, dans quelque forme qu'il eût lieu, même fait en justice, n'était que provisionnel : le mineur devenu majeur pouvait, dans les dix ans, en demander un autre (Lebrun, *Des successions,* liv. IV, chap. Ier).

Ce système avait le double inconvénient de nuire, soit aux cohéritiers majeurs forcés de demeurer dans l'indivision quelquefois pendant vingt ans et plus, la majorité étant fixée alors à vingt-cinq ans, soit au mineur lui-même intéressé très souvent à ce qu'il s'opérât tout de suite un partage définitif.

C'est ce que comprit parfaitement le législateur de l'époque intermédiaire. L'art. 53 du décret du 17 nivôse an II porte en effet : « *Tous les partages qui seront faits en exécution du présent décret seront définitifs : s'il y a un mineur, son tuteur, d'après l'avis du conseil de famille, composé de quatre parents ou amis non cointéressés au partage, y stipulera pour lui, sans qu'il soit besoin de ra-*

tification de sa part. — Il répondra personnellement des fautes qu'il pourrait commettre par dol ou fraude. »

C'est également pour pourvoir à ces intérêts que l'art. 817 dispose : « *L'action en partage, à l'égard des cohéritiers mineurs ou interdits, peut être exercée par les tuteurs, spécialement autorisés par un conseil de famille.* »

De même l'art. 840 déclare définitif le partage régulièrement fait par le tuteur.

Mais pour être définitif, le partage doit être fait en justice. On doit observer des formalités longues et coûteuses, énumérées dans le Code civil et dans le Code de procédure.

Ces formalités sont dispendieuses et ont donné lieu à des plaintes vives et nombreuses. Déjà une loi du 2 juin 1841, modificative des articles 966 et suivants du Code de procédure civile, est venue leur donner satisfaction dans une certaine mesure.

C'est là une amélioration, mais insuffisante : les partages judiciaires sont encore longs et fort chers. De plus il y a une règle du partage judiciaire qui est souvent fort gênante : c'est celle qui veut que les lots soient tirés au sort (Art. 834). Substituer en effet le hasard à une attribution intelligente, faite avec discernement, en connaissance de la situation particulière de chacun des cohéritiers, peut être nuisible non seulement aux majeurs, mais aux intérêts du mineur lui-même. Aussi la pratique a-t-elle cherché divers moyens pour échapper à ces inconvénients du partage judiciaire.

(A) Écartons d'abord un procédé qu'on avait essayé d'employer dans ce but et, qui, nous l'avons vu, a été repoussé par le tribunal civil de la Seine (Jugement du 23 juin 1880, Sirey, 1880. 2. 269). Nous savons qu'on avait imaginé, pour rendre inutile l'intervention du juge, de

faire céder par le tuteur les droits successifs de son pupille au cohéritier majeur.

Il a été jugé, et il paraît certain aujourd'hui, que la cession de droits successifs vaut partage, au moins quand elle fait cesser d'une manière complète l'indivision qui existait entre le cédant et le cessionnaire (1). Mais on prétendait se soustraire aux formalités gênantes et onéreuses du partage judiciaire en faisant autoriser la cession, conformément aux articles 1 et 2 de la loi du 27 février 1880.

Cette prétention a été repoussée et avec raison, à notre avis : nous en avons donné plus haut les motifs. Donc ce procédé est illégal et ne doit pas être employé.

(B) Un second procédé consiste à s'adresser à un tiers capable qui se porte fort pour le mineur, s'engage sous sa responsabilité à ce que le pupille, devenu majeur, ratifie le partage irrégulièrement fait et annulable dans son intérêt. Le plus souvent on fait intervenir comme porté-fort un parent du mineur. Si c'est le père ou la mère qui a pris cet engagement, plus tard le pupille ne pourra attaquer le partage, car il trouvera dans leur succession l'obligation de garantie, et il serait repoussé par l'exception : *Quem de evictione tenet actio eumdem agentem repellit exceptio.*

C'est là un procédé qui, en effet, dans certaines circonstances données pourrait être utilement employé; mais les parties doivent en user avec une certaine prudence, car il est facile de voir que l'acte n'est pas valable à tout événement.

(C) Ce troisième procédé est celui qui est le plus universellement appliqué. Il est accepté par un grand nom-

(1) Voir arrêt du 8 mars 1875. *Journ. du Palais,* 1875, p. 1150. Note de M. Labbé au bas de l'arrêt — et arrêt de la cour de Bourges du 12 janv. 1878 *Journ. du Palais.* — 1878, p. 581.

bre d'auteurs, et la jurisprudence semble l'avoir consacré.

On procède au partage sous la forme d'une transaction, en observant les formalités prescrites par l'art. 467. En effet, dit-on, on a recours à l'acte qui est entouré par la loi du maximum de garanties : on ne voit pas comment alors il ne serait pas valable. M. Marcadé (sur l'art. 831-n° 2) fait observer en outre que l'accord des héritiers, pour s'attribuer des lots de convenance a pour objet d'éviter un procès sur le point de naître entre cohéritiers et constitue par conséquent une transaction (Art. 2044), ce qui rend applicable l'art. 467 du Code civil. Cette manière de voir semble exprimée également dans les motifs d'un arrêt rendu sur cette question par la cour d'Angers à la date du 7 août 1874 (*Journal du Palais,* 1875, p. 459).

D'autres auteurs n'admettent cette manière de procéder que lorsqu'il y a une difficulté sérieuse donnant lieu à une transaction. Telle paraît être l'opinion de M. Demolombe, qui fait observer que la loi a distingué dans l'administration de la tutelle différentes espèces d'actes, les soumettant les uns et les autres, à raison même de leur différente nature, à un certain nombre de formalités spéciales à chacun d'eux. Est-il permis, se demande le jurisconsulte, de bouleverser les nomenclatures et les classifications de la loi et de transporter dans la classe des transactions une opération qui est en réalité un partage?

M. Laurent va plus loin encore et il condamne d'une manière absolue la transaction-partage, alors même qu'elle porterait sur un litige réel. Pour lui en effet les formalités du partage seraient d'ordre public et on ne pourrait y déroger en aucune manière.

Nous sommes obligé de reconnaître en effet que ce procédé est un véritable subterfuge. N'est-il pas regrettable d'être conduit, dans l'intérêt même du mineur, à éluder des dispositions, édictées cependant pour le protéger ? Qui ne voit que tous ces détours imaginés par la pratique sont la condamnation même du système de la loi ? Cette nécessité du tirage au sort des lots, des formalités longues et onéreuses du partage judiciaire auxquelles on doit forcément recourir est donc mauvaise : mais c'est au législateur à réformer la loi. Il doit toujours protéger les incapables, mais ne pas arriver à les léser par un excès de protection. Quoi qu'il en soit, une réforme est désirable en notre matière. Elle est réclamée par les meilleurs esprits. Espérons qu'elle ne se fera pas trop attendre.

Mais si les circonstances permettent de différer le partage, les parties, si elles sont d'accord, peuvent attendre la majorité du mineur pour faire un partage définitif, et faire, en attendant, un partage provisionnel, c'est-à-dire un partage de jouissance.

Nous croyons en effet que le tuteur a qualité pour faire seul un partage purement provisionnel. Cet acte en effet n'ayant trait qu'aux revenus, et laissant intacte la question de propriété, est un acte de pure administration, qui rentre par suite dans la compétence du tuteur.

Supposons maintenant que le tuteur ait procédé au partage, sans observer les formalités des articles 465 et 466. Quelle sera la sanction de cette inobservation des formes prescrites par la loi ? Il est d'abord certain que celui contre lequel le tuteur poursuit le partage peut opposer le défaut d'autorisation.

Mais *quid juris* si on a passé outre, ou si on n'a pas observé les formalités du partage judiciaire ? L'art. 466 après avoir indiqué les formes à suivre ajoute : « *Tout autre partage ne sera considéré que comme provisionnel.* »

Ces mots ont donné lieu à une difficulté : La loi a-t-elle voulu dire que le droit de demander un partage définitif est réservé à tous les copartageants, ou bien ce droit appartiendra-t-il seulement au mineur?

Trois opinions se sont produites sur cette question.

Dans un premier système on enseigne que le partage est provisionnel à l'égard de tous les copartageants sans distinction, et que chacun d'eux en conséquence peut demander un partage définitif.

On s'appuie sur la généralité des articles 466 et 840 et sur l'inégalité de situation tout à fait injuste qui résulterait d'un partage définitif d'un côté et provisionnel de l'autre.

Dans une seconde opinion, au contraire, on soutient que le partage n'est provisionnel qu'à l'égard des mineurs et que, dès lors, eux seuls peuvent demander un nouveau partage.

L'argument invoqué est tiré du principe posé dans l'art. 1125 qui n'accorde l'action en nullité qu'aux incapables.

Enfin, dans un troisième système, que nous sommes porté à considérer comme le meilleur, on distingue suivant que les parties ont voulu faire un partage définitif ou un partage provisionnel. C'est là une question de fait laissée à l'appréciation des tribunaux. Si l'on reconnaît que les parties ont voulu faire un partage définitif, alors nous appliquerons l'art. 1125, qui contient un principe général auquel n'ont pas dérogé d'une manière expresse les art. 840 et 466. Le mineur seul pourra provoquer un nouveau partage.

Que si, au contraire, il est établi que les cohéritiers ont voulu rester dans l'indivision, quant à la propriété, et faire seulement un partage de jouissance, c'est là une convention parfaitement licite au moins pour une durée de cinq ans, mais tous alors peuvent demander un partage définitif.

§ 4. — *Des actes que le tuteur peut faire seul.*

Dans les trois paragraphes précédents nous avons vu que la loi, pour sauvegarder les droits du mineur, ne donne pas au tuteur de pleins pouvoirs. Nous avons vu qu'elle énumère les actes pour lesquels le tuteur doit obtenir telle ou telle autorisation, observer telle ou telle formalité. Mais cette énumération ne comprend pas tous les actes possibles de la gestion tutélaire. De là, sous l'empire du code civil, la question de savoir ce qu'il fallait décider à propos de tel ou tel acte. Deux opinions s'étaient formées sur ce point.

Dans un premier système, on soutenait que le tuteur ne pouvait faire seul que les actes qui rentrent dans l'administration *proprio sensu*. Le tuteur, disait-on, est administrateur du patrimoine de son pupille : il n'y a aucun droit personnel ; il ne peut donc faire que les actes qui dérivent du pouvoir d'administration et que le Code permet d'ordinaire à celui qui gère les biens d'autrui. C'est là le système qui était soutenu par M. Laurent (Principes de droit civil, t. 5, p. 45) et adopté par la cour de Gand dans un arrêt du 5 mai 1854 (Pasicrisie, 1854, 2, 312).

En face de cette doctrine une autre s'était produite qui avait obtenu la consécration de la jurisprudence française : Le tuteur, disait-on, dans cette seconde doctrine, est, aux termes de l'article 450, le représentant du mineur, dans tous les actes civils. Il peut donc faire seul tous les actes que le mineur ferait lui-même, s'il n'était pas incapable, à moins qu'il n'y ait une restriction expressément écrite dans la loi. Cette thèse se justifiait historiquement : en droit romain, disait-on, le tuteur était considéré comme maître du patrimoine du pupille : *tutor qui tutelam ge-*

rit, quantum ad providentiam tutelarem, domini loco haberi debet. » (L. 17. *De adm. tut.*) Cette tradition se serait maintenue dans notre ancien droit où l'on disait : *que le fait du tuteur est celui du mineur* (Pothier, Des personnes, part. 1re, tit. VI, art. III, § II). Donc, concluait-on, tout ce qui n'est pas défendu au tuteur lui est permis.

L'intérêt pratique de cette question a à peu près disparu. En effet la controverse s'élevait quand il s'agissait de savoir si le tuteur pouvait aliéner seul les meubles incorporels du mineur. La loi du 27 février 1880 a fait disparaître cet intérêt principal, puisque le but principal de cette loi est précisément de poser les règles relatives à cette aliénation des meubles incorporels.

Quoi qu'il en soit, nous devons poser au début de ce paragraphe, ce principe général, qui nous paraît exact, à savoir que le tuteur a le pouvoir de faire seul tous les actes pour lesquels la loi ne prescrit pas une formalité spéciale.

Sans doute, dans certains cas particuliers, avant de prendre une décision, le tuteur pourra consulter le conseil de famille : mais il n'y est pas obligé et les tiers ne sauraient être liés par les résolutions du conseil de famille dans les cas où son intervention n'est pas exigée par un texte de loi.

Mais le conseil de famille n'aurait-il pas le droit, quand il nomme le tuteur, de limiter ses pouvoirs, en dehors des termes de la loi ? Nous croyons qu'il faut répondre négativement à cette question. La loi assigne à chaque agent de la tutelle la limite de ses attributions et l'étendue de ses droits. Il y a là une organisation d'ordre public : les parties ne peuvent changer cet arrangement.

Du reste on peut argumenter dans ce sens de l'art. 507 qui, dans une hypothèse particulière, donne ce droit au conseil de famille. Le législateur a jugé utile d'accorder expressément cette faculté : Ce n'est donc pas le droit commun.

C'est là la théorie qui semble se dégager d'un arrêt de la Cour de cassation du 24 février 1879, qui refuse, non pas, il est vrai, au conseil de famille, mais aux tribunaux, le droit d'intervenir, en dehors des cas spécifiés par la loi, dans les actes d'administration du tuteur (Dalloz, 1879. 1. 157).

Nous allons appliquer ces deux principes : 1° aux actes conservatoires, 2° au paiement des dettes et au recouvrement des créances, 3° au placement des capitaux et revenus, 4° aux actions judiciaires.

I. *Des actes conservatoires*. — Le tuteur peut faire seul les actes conservatoires. Ce pouvoir lui est nécessaire pour remplir son obligation d'administrer en bon père de famille. Nul doute qu'il ne doive prendre soin des meubles que le conseil de famille l'a autorisé à conserver en nature : il peut par conséquent les faire réparer, si cela est nécessaire à leur entretien.

Interrompre la prescription est également un acte conservatoire : le tuteur a donc le droit de faire les divers actes qui interrompent la prescription. Nous savons en effet que dans certains cas la prescription court contre les mineurs (Art. 2252).

Le tuteur peut également faire tout seul les réparations d'entretien : c'est là en effet un acte conservatoire. Mais que décider pour les grosses réparations ? Les auteurs sont divisés sur cette question, et nous devons l'examiner, car quelques-uns croient devoir limiter ici les pouvoirs du tuteur pour sauvegarder précisément la fortune mobilière du pupille. Certains auteurs soutiennent en effet que, pour faire les grosses réparations, le tuteur doit obtenir l'autorisation du conseil de famille, s'il faut entamer les capitaux du pupille.

Ce système se fonde sur les art. 454, 455 et 456, d'où il semble, dit-on, que les revenus sont seuls affectés aux dépenses de la tutelle et sur l'art. 457 qui ne permet pas au tuteur seul d'emprunter.

Nous croyons qu'on peut répondre victorieusement aux objections tirées de ces textes.

Sans doute, en principe, le tuteur doit parer aux dépenses de la tutelle avec les revenus : mais une grosse réparation n'est pas une de ces dépenses annuelles qui peuvent être réglées à l'avance par le conseil de famille. La nécessité de faire une grosse réparation peut s'imposer au tuteur : il doit pouvoir la faire. Aucun texte ne lui ordonne d'obtenir l'autorisation du conseil de famille.

Quant à l'argument tiré de l'art. 457, il prouverait trop, comme le font observer MM. Aubry et Rau, puisque, si les engagements contractés par le tuteur à l'occasion des réparations nécessaires qu'il a fait effectuer, devaient être assimilés à des emprunts, il faudrait, pour les rendre obligatoires, à l'égard du mineur, non seulement l'autorisation du conseil de famille, mais encore l'homologation du tribunal (Art. 458). Du reste nous n'avons pas ici un emprunt, mais bien une obligation : or il est de principe que celui qui peut administrer peut aussi s'obliger dans les limites de l'administration.

Donc le tuteur a pu valablement, et, dans tous les cas, faire seul les grosses réparations et les obligations qu'il a contractées à cet effet envers les ouvriers ou entrepreneurs sont valables et exécutoires contre le mineur.

Maintenant si le tuteur n'a pas agi en bon père de famille, il sera responsable vis-à-vis du pupille.

Il est un autre acte conservatoire qui est entré pleinement dans nos mœurs : c'est l'assurance contre l'incendie
ou autres cas fortuits. Il n'est pas douteux que le tuteur
ne puisse assurer seul les meubles de son pupille.

Il est encore certain que, pour conserver leur rang aux
créances de son pupille, le tuteur peut réquérir toute inscription ou transcription.

II. *Du paiement des dettes et du recouvrement des
créances.* — Un bon père de famille doit, quand il le
peut, payer ses dettes. Le tuteur doit donc, quand il a des
sommes disponibles entre ses mains, acquitter les dettes
du pupille. Aucun texte n'ayant restreint sa liberté sur ce
point, il peut seul payer les dettes venues à échéance.
Mais pourrait-il, s'il a de l'argent, et pour libérer tout de
suite son pupille, payer avant l'échéance ? Nous pensons,
bien que M. Demolombe émette quelque doute à cet égard,
que le tuteur a ce pouvoir. Payer une dette est en effet le
meilleur des placements. Cependant si ces dettes n'étaient
pas productives d'intérêts, le tuteur ne pourrait renoncer
au bénéfice du terme, à moins qu'il ne fît déduire l'es-
compte.

De même le tuteur peut seul rembourser une rente
constituée qui imposerait de gros arrérages au mineur :
c'est là un acte de sage administration qui lui est permis.

Si lui-même est créancier du pupille, il peut se payer
entre ses propres mains. C'est là un acte d'administration
qui n'est soumis à aucune formalité. La Cour de Toulouse
a jugé avec raison qu'il n'y a aucune nécessité de faire
intervenir le subrogé tuteur. En effet le véritable intérêt
du mineur étant que sa dette soit payée le plus tôt possible,
on ne peut pas dire qu'il soit en opposition avec celui du
tuteur (Toulouse, 21 janvier 1832, Sirey, 1832. 2. 294).

Quelques auteurs et quelques arrêts vont plus loin et décident que dès que le tuteur a entre les mains des sommes suffisantes, appartenant à son pupille, la créance s'éteint par compensation.

On a fait remarquer avec beaucoup de raison, à notre avis, que c'était employer un langage inexact que de dire que, dans ce cas, il y avait compensation. En effet, le mineur est bien débiteur du tuteur ; mais le tuteur, au moins encore n'est pas débiteur du pupille. Sa dette n'est ni exigible, ni liquide et par suite n'est pas compensable.

Sans doute quand le tuteur a l'argent, on le considère comme s'étant payé ; mais c'est là une présomption de paiement, ce n'est pas une compensation.

Le tuteur peut payer les dettes du pupille avec ses propres deniers : mais dans ce cas appliquerons-nous l'art. 2001 qui accorde au mandataire l'intérêt des avances par lui faites, à dater du jour des avances constatées? L'équité exigerait, il nous semble, que le tuteur fut traité comme tout mandataire. L'intérêt du pupille lui-même le demanderait, car le tuteur n'hésiterait pas alors à faire des avances en sa faveur. Mais en présence de l'art. 474. 2ᵉ al., je crois qu'il faut une demande en justice. Nous admettons, d'ailleurs que, le tuteur pourrait exiger le remboursement de ce qui lui est dû, au cours de la tutelle. De plus la loi défend au tuteur d'emprunter sans autorisation : or, lui accorder l'intérêt des avances qu'il ferait ne serait-ce pas légitimer un emprunt indirect fait sans l'assentiment du conseil de famille, qui ne doit grever le mineur qu'en connaissance de cause, et après avoir épuisé toutes ses ressources personnelles ? Nous trouvons cette raison indiquée dans les motifs d'un arrêt de la Cour de Lyon, qui a jugé dans ce sens, qui nous paraît le plus juridique, que les avances faites volontairement par un tuteur, sans autorisation expresse du conseil de famille, ne peuvent, à aucun titre, produire intérêt au profit du tuteur pendant la tutelle (1).

Le tuteur peut également et doit recevoir tout ce qui est dû au mineur, non seulement les revenus, fruits et intérêts, mais encore les capitaux. Ce pouvoir résulte d'abord de son mandat général d'administrateur, et puis implicitement du droit qui lui est reconnu par la loi d'exercer seul les actions mobilières.

C'est là un pouvoir dangereux pour le pupille, si le tuteur est insolvable. Aussi certaines Cours d'appel admettent que le conseil de famille peut restreindre sur ce point la compétence du tuteur (Limoges, 28 fév. 1846. Dalloz, 1846. 2. 153). Nous avons d'avance repoussé cette théorie en décidant, d'une manière générale, que le conseil de famille ne peut intervenir dans l'administration du tuteur que dans les cas spécifiés par la loi. Or aucun texte ne légitime dans ce cas la prétention du conseil de famille. Cela peut être périlleux pour le pupille, nous le reconnaissons : mais c'est au législateur et non au juge de corriger la loi. D'ailleurs la Cour de cassation qui avait d'abord adopté la doctrine de la Cour de Limoges, semble s'être ralliée à notre système dans son dernier arrêt sur la matière, arrêt que nous avons déjà cité, du 24 février 1879.

Le tuteur peut recevoir le paiement d'une créance hypothécaire : il peut, en conséquence, donner main-levée de l'inscription prise pour sûreté de cette créance.

S'il est lui-même débiteur de son pupille, le tuteur doit se payer ce qu'il doit. Nous nous sommes déjà occupé de cette question, à propos des obligations du tuteur.

(1) L'arrêt est du 16 fév. 1835. (Sirey. 1835, 2. 310) En ce sens : MM. Demolombe, Duranton, Magnin, de Fréminville. — *Contra.* Laurent, t. 5 n° 51.

Ainsi, en résumé, le tuteur peut et doit payer les dettes du pupille et recouvrer ses créances : faut-il conclure de là qu'il ait le pouvoir de concourir à un règlement ayant pour objet de déterminer ce dont le pupille est créancier et ce dont il est débiteur ? Voici, croyons-nous, la réponse que commandent les principes.

Le tuteur ne peut faire une reconnaissance de dette à la charge de son pupille. En effet, reconnaître une dette, cela suppose qu'il n'en existe pas de preuve légale. Par conséquent si le tuteur pouvait faire une pareille reconnaissance, on lui permettrait de disposer indirectement des biens de son pupille, toute dette engageant les biens du débiteur.

Mais si la position du créancier est parfaitement établie, si la dette est certaine, nous ne voyons pas pourquoi on refuserait au tuteur de faire un règlement qui n'aggrave en rien la condition du pupille. C'est là un acte d'administration, qui peut prévenir des difficultés, des procès pour plus tard ; cela rentre, il nous semble, complètement dans la compétence du tuteur. C'est ainsi que la Cour de cassation, dans un arrêt récent, a décidé que le tuteur peut parfaitement renouveler des lettres de change, souscrites par le père de son pupille, au nom de celui-ci, lorsqu'en agissant ainsi, il n'aggrave pas sa position. (Ch. civ. 22 juin 1880. Sirey, 1881. 1er cahier mensuel, p. 23).

Mais le tuteur qui peut faire un règlement de compte dans ces conditions pourrait-il accepter un changement de débiteur, pourrait-il faire novation ?

On l'a contesté ; mais la solution affirmative résulte certainement de la tradition et des principes.

En effet le droit romain et notre ancienne jurisprudence reconnaissaient ce pouvoir au tuteur (L. 10. *De nov.* —

Pothier. Traité des oblig. part. 3e, chap. 2, art. 3, n° 592). Aucun texte n'est venu restreindre sur ce point la liberté du tuteur : bien plus, il a tout pouvoir pour le placement des capitaux. Pourquoi lui refuser de substituer à l'ancien débiteur un nouveau qu'il croit plus solvable ?

III. *Du placement des revenus et des capitaux.* — Nous venons de voir que le tuteur a dans ses attributions la réception des revenus ou capitaux qui peuvent être dus à son pupille. Mais nous avons vu également qu'il ne doit pas laisser ces deniers oisifs et que le Code civil d'abord, la loi du 27 février 1880 ensuite, lui imposent l'obligation de les employer dans un délai déterminé. Nous nous sommes déjà expliqué sur l'étendue de cette obligation et nous avons indiqué quelle est la responsabilité du tuteur faute d'emploi régulier. Mais nous avons réservé deux questions dont le développement trouve sa place maintenant : comment doit être fait l'emploi et quelle est la situation des tiers qui comptent les sommes dont l'emploi est prescrit ?

Quant au mode d'emploi, sauf certaines exceptions ou tempéraments que nous aurons à indiquer, nous croyons qu'on peut poser en principe que le tuteur a, sous sa responsabilité, toute latitude à cet égard.

Le tuteur est en effet administrateur du patrimoine du pupille : le placement des deniers pupillaires est un acte d'administration. Aucun texte ne restreint, d'une manière générale, les pouvoirs du tuteur sur ce point. Sans doute, dans d'autres matières, nous trouvons quelques précisions quant au mode d'emploi (art. 1067). Mais au titre de la tutelle, la loi garde le silence sur ce point : nous concluons donc que le tuteur peut, sans autorisation, faire tel emploi qu'il juge sûr et avantageux pour son pupille.

Telle est, croyons-nous, la règle générale.

Il faut cependant y apporter quelques limitations.

La première résulte des articles 457 et 460. Ces articles supposent un emprunt ou l'aliénation des immeubles du mineur.

Dans ce cas, le conseil de famille doit accorder son autorisation et la loi ajoute *qu'il indiquera toutes les conditions qu'il jugera utiles*. Le conseil de famille peut imposer au tuteur un emploi déterminé des capitaux qu'i retirera de ces opérations.

Nous trouvons une disposition analogue dans le loi du du 9 mai 1841, sur l'expropriation forcée pour cause d'utilité publique. L'art. 13 porte : « Les tuteurs… peuvent, après autorisation du tribunal donnée sur simple requête en la chambre du conseil, le ministère public entendu, consentir amiablement à l'aliénation desdits biens. — *Le tribunal ordonne les mesures de conservation ou de remploi qu'il juge nécessaires.* »

Une seconde limitation à notre règle générale résulte de l'art. 6 de la loi du 27 février 1880 dont le second alinéa est ainsi conçu : *Les règles prescrites par les articles ci-dessus et par l'article 455 du Code civil seront applicables à cet emploi.* Que signifie ce renvoi aux règles prescrites par les articles précédents de cette loi? Nous croyons que le législateur à visé les articles 1 et 2 de la loi qui traitent de l'aliénation des valeurs mobilières. Le conseil doit donner son autorisation, et ici encore, en autorisant, il peut prescrire toutes les mesures qu'il juge utiles. Nous avons là une disposition analogue à celle de l'art. 457 du code civil. Le conseil de famille peut indiquer un emploi déterminé et le tuteur doit s'y conformer.

Ne faut-il pas aller plus loin et voir dans ce renvoi l'intention du législateur de soumettre, dans tous les cas, le tuteur à la nécessité d'obtenir l'autorisation du conseil de fa-

mille pour faire tel ou tel emploi? Nous ne le pensons pas.
Le pouvoir de faire tels placements, qui paraissent convenables, est certainement un acte d'administration qui rentre
dans les pouvoirs réguliers du tuteur, capable de recevoir
les capitaux. C'est là un principe qui nous paraît incontestable et il aurait fallu, pour y déroger, un texte plus
formel que cette formule un peu divinatoire de l'art. 6 de
notre loi.

Tout ce que nous pouvons conclure de ce texte, c'est
que le tuteur ne pourra employer les deniers du pupille
en titres au porteur. L'art. 5 de la loi est en effet un de
ceux que vise le renvoi de l'art. 6. Or cet article prohibe,
en principe, la forme au porteur, qu'on considère, avec
raison, comme dangereuse entre les mains du tuteur. C'est
ce qu'indique la circulaire du Ministre de la justice, relative
à l'application de notre loi : le Garde des Sceaux déclare
que ces titres au porteur ne pourraient être acquis en emploi par le tuteur, même avec l'autorisation du conseil de
famille.

Nous revenons maintenant à notre règle générale toujours applicable en dehors de ces limitations. Le tuteur
a toute latitude pour les placements. Il peut faire emploi
soit en paiement de dettes, soit en acquisitions d'immeubles, soit en rentes sur l'Etat, soit en bonnes valeurs industrielles, etc.

Nous ne nous arrêtons pas en effet à une opinion
émise par Taulier (t. 1. p. 60), d'après laquelle le tuteur
ne pourrait employer l'argent du mineur en acquisitions
d'immeubles. Le motif serait que le tuteur ne peut trans-
former la nature de la fortune du mineur et convertir en
immeubles des deniers qui pourraient lui être très utiles
plus tard pour se livrer au commerce ou à des spécula-
tions. Cette doctrine qui ne s'appuie sur aucun texte va

contre toutes les traditions de notre droit : une ordonnance de 1560 ordonnait en effet d'employer les capitaux du pupille en acquisitions d'héritages ou de rentes et Pothier (Des personnes, tit. 6. rect. 4, art. 4) conseille au tuteur l'emploi en acquisition d'immeuble. En outre Taulier semble oublier la préférence que les rédacteurs du Code ont toujours manifestée pour la fortune immobilière.

Duranton lui trouve les placements en immeubles si avantageux, qu'il permet au tuteur d'acheter seul un immeuble pour son pupille, alors même qu'il n'aurait pas de capitaux disponibles pour le payer. MM. Aubry et Rau donnent également au tuteur le droit d'acheter des immeubles à crédit.

Nous inclinons à penser cependant qu'acheter un immeuble à crédit est plutôt un acte de spéculation qu'un acte d'administration et par suite nous pensons que le pouvoir du tuteur ne va pas jusque-là. Nous savons que le tuteur ne peut pas contracter un emprunt tout seul (art. 457). Or l'achat à crédit n'implique-t-il pas un emprunt fait au vendeur ? Notre conclusion serait donc que le tuteur ne pourrait acheter à crédit qu'avec l'autorisation du conseil de famille et l'homologation du tribunal. Nous suivons sur ce point l'opinion enseignée par MM. Chardon. (*De la puiss. tut.* t. III, n° 293) et Laurent (t. 5, n° 60).

On se demande encore si le tuteur peut employer les deniers pupillaires à des constructions nouvelles, à des améliorations ? Sur ce point nous adoptons le sentiment de MM. Aubry et Rau qui reconnaissent ce pouvoir au tuteur. La loi ne prescrit en effet aucun mode particulier de placement : améliorer ou construire peut être un excellent emploi, l'acte d'un bon père de famille.

Ainsi, en résumé, le tuteur peut faire en principe les placements, comme il l'entend. Par exception, il doit suivre les indications du conseil de famille dans les cas exceptionnels que nous avons indiqués. S'il ne le fait pas, il engage sa responsabilité vis-à-vis du mineur. En outre le subrogé tuteur, chargé de le surveiller, peut le traduire devant le conseil de famille, qui lui demandera compte de sa conduite. (Art. 7 de la loi du 27 février 1880).

Mais dans cette hypothèse quelle est la situation des tiers qui ont versé les capitaux entre les mains du tuteur ? Nous trouvons dans l'art. 6 de la loi de 1880 cette disposition finale :

« *Les tiers ne seront en aucun cas garants de l'emploi.* » Ainsi d'une part, ils n'auront aucune fin de non recevoir à opposer au tuteur sous prétexte de défaut d'emploi ; d'autre part ils ne pourront être inquiétés soit par le mineur lui-même, soit en son nom, sous prétexte du défaut ou de la non-solidité de l'emploi. C'est ce qui a été dit, à plusieurs reprises, dans la discussion de la loi, soit à l'occasion de l'emploi du prix des valeurs aliénées, soit à propos de l'art. 6, auquel cette disposition finale a été ajoutée, pour ne laisser aucun doute à cet égard.

M. Paul Coulet dans son commentaire de la loi de 1880 (page 23) déclare que « il faut entendre par tiers les personne que le tuteur aura chargées de faire l'emploi, comme aussi les administrateurs et gérants que le tuteur est autorisé à s'adjoindre, en vertu de l'art. 454 du Code civil ; c'est au tuteur seul, dit-il, qu'incombe toute la responsabilité de leurs actes ; le paragraphe 3 de l'art. 6 n'est que la reproduction sous une autre forme de la fin de l'art. 454 Code civ. »

Nous croyons que le commentateur de la loi de 1880 s'est complètement mépris sur le sens de cette disposition. Sans doute ces personnes chargées de faire l'emploi ne

sont pas responsables : mais cela résulte des principes de notre Code civil, mais non pas de cet article 6. Cette disposition a visé uniquement ceux qui ont à verser entre les mains du tuteur des deniers pupillaires : ce sont les débiteurs du pupille, les acquéreurs de ses valeurs aliénées qui s'acquittent entre les mains du tuteur. « Ce tiers, dit
» M. Denormandie, auquel on demande le rembourse-
» ment ou le paiement dû, dit au tuteur : Je ne vous paie
» pas, parcequ'il est intervenu une loi qui vous oblige,
» comme tuteur à faire emploi. Je ne sais si vous ferez
» emploi. — Vous êtes, peut-être, un mauvais tuteur;
» vous serez, peut-être, un tuteur infidèle, et en consé-
» quence, si je n'exige pas que, sous mes yeux, vous fas-
» siez l'emploi dont s'agit, je puis être rendu responsa-
» ble (1). »

C'est pour éviter cette résistance qu'on a dit que les tiers ne seraient pas garants de l'emploi.

Ainsi les tiers ne sont responsables en aucun cas, ni de l'utilité, ni de la matérialité même de l'emploi.

Mais il en serait autrement s'ils avaient traité avec le tuteur non autorisé, dans les cas où cette autorisation est nécessaire. Dans cette hypothèse en effet le tuteur aurait dépassé ses pouvoirs et les tiers seraient exposés à payer une seconde fois.

IV. *Des actions judiciaires* — Quels sont les pouvoirs du tuteur en matière d'actes judiciaires ? Telle est la question qui nous reste à étudier pour terminer notre premier chapitre. Quant à l'introduction des demandes en justice, la loi fait une distinction entre les actions mobilières et les actions immobilières et n'exige que relativement à ces dernières l'autorisation du conseil de famille : c'est ce qui résulte de l'art. 464 du Code civil. Nous n'avons à nous

1. *Journal officiel* du 26 mai 1878

occuper que des actions mobilières, c'est-à-dire de celles qui ont pour objet un meuble, *quæ tendunt ad id quod mobile est.* Pour celles-ci, la loi ne restreignant pas les pouvoirs du tuteur, il a toute latitude quant à leur exercice. Cela est en complète harmonie avec le système de notre Code sur la fortune mobilière, mais cette règle n'est plus en harmonie avec les conditions économiques de la société. De nos jours, les actions mobilières sont souvent beaucoup plus importantes que les actions immobilières et mettent quelquefois en jeu les intérêts les plus considérables : on ne voit donc pas pourquoi le mineur n'est pas protégé dans ce cas comme en matière immobilière. Quoi qu'il en soit, la loi est certaine et le tuteur n'a besoin d'aucune autorisation. Il peut également agir seul pour répondre à une action mobilière. Ici la règle est la même qu'en matière immobilière.

De ce que le tuteur ne peut exercer seul une action immobilière, plusieurs auteurs et quelques arrêts ont conclu qu'il ne pourrait, sans autorisation, former une surenchère valable au nom de son mineur.

Nous préférons l'opinion contraire qui a aussi ses partisans. En effet, former une surenchère, ce n'est pas introduire une instance, ce n'est pas soumettre un litige à la décision des tribunaux. Par conséquent on ne peut argumenter de l'art. 464 du Code civil. Surenchérir, c'est faire une promesse d'achat ou mieux un achat conditionnel. Or, aucun texte n'interdit au tuteur d'acheter des immeubles pour son pupille. Nous savons que les pouvoirs du tuteur sont entiers quand ils n'ont pas été restreints par la loi.

Donc le mineur ne pourrait attaquer la succession faite par le tuteur, et le jugement d'adjudication survenu à la suite de cette surenchère. La cour de Montpellier a bien

décidé le contraire, mais dans l'espèce, la surenchère
avait été faite par le tuteur en son nom personnel et l'adjudication avait été prononcée au profit des enfants. Ce
n'est pas là le cas qui nous occupe (Montpellier, 18 nov.
1875. — Sirey, 1863. 2. 386).

A côté de l'introduction des actions en justice, l'art, 464
parle de l'acquiescement et il fait la même distinction. En
conséquence le tuteur peut, sans autorisation, acquiescer
à une demande relative aux droits mobiliers du mineur.
Cette doctrine avait été d'abord contestée par la Cour
de Pau, qui, assimilant l'aquiescement à la transaction,
décidait que dans ce cas le tuteur devait remplir les formalités de l'art. 467 du Code civil. (Arrêt du 9 mai 1834.
Sirey, 1835. 2. 1558). Mais on s'accorde pour reconnaître
que l'acquiescement et la transaction sont des actes d'une
nature différente et qui ne doivent pas être confondus.
La transaction suppose un droit contesté et un sacrifice
fait par le tuteur pour éviter les chances d'un procès. Au
contraire l'acquiescement n'est que la reconnaissance pure
et simple du droit de l'adversaire dont le tuteur reconnaît
la légitimité. On comprend facilement que la loi admette
plus aisément l'acquiescement que la transaction.

Mais si le tuteur peut acquiescer à une demande mobilière, peut-il acquiescer à un jugement rendu sur
cette action ? La question est plus délicate. En effet du
moment que le tuteur a laissé introduire l'instance, c'est
que le droit de l'adversaire n'est plus certain, c'est qu'il y
a matière à contestation. De plus la loi veut que le jugement soit signifié à la fois au tuteur et au subrogé tuteur,
ce qui semblerait indiquer que le tuteur n'est plus arbitre
unique des droits du mineur. (art. 444. Code de proc. civ.).

S'appuyant précisément sur cette disposition de l'art.
444 du Code de procédure civile, la Cour de Nancy a décidé

que le tuteur ne peut acquiescer au jugement qu'avec l'assistance du subrogé tuteur (arrêt du 25 août 1837),

Nous croyons que c'est là exagérer la portée de cet article 444. Nous pensons donc qu'il faut s'en tenir au principe que tout ce qui n'est pas défendu au tuteur lui est permis et l'autoriser en conséquence à acquiescer, sans autorisation, à un jugement rendu sur une demande mobilière. C'est du reste cette dernière doctrine qu'ont consacrée les dernières décisions de la jurisprudence sur ce point. La Cour de Caen dans un arrêt du 31 juillet 1876 (Dalloz, 1877. 2. 152) a décidé que le tuteur peut valablement acquiescer seul à un jugement interlocutoire rendu sur une demande en responsabilité dirigée contre le mineur. La Cour de Pau, dans un arrêt du 26 mai 1879 (Dalloz, 1880. 2. 191) a statué dans le même sens.

Nous croyons que ces arrêts ont fait une juste application des principes et nous ne saurions admettre la distinction proposée par MM. Aubry et Rau. Ces auteurs ne permettent l'acquiescement au tuteur que dans le cas où le mineur figurait dans l'instance comme défendeur. En effet, disent-ils, l'acquiescement à un jugement rendu contre le pupille dans une instance où il figurait comme demandeur serait une renonciation aux droits du mineur, renonciation qui ne pourrait avoir lieu même avec l'autorisation du conseil de famille. — Mais s'il y avait là réellement une renonciation défendue aux droits du pupille, ne pourrait-t-on pas faire le même raisonnement pour le cas où le mineur était défendeur ? N'est-il pas certain qu'admettre la demande de l'adversaire, c'est renoncer aux prétentions contraires du pupille ? Mais n'est-ce pas aller trop loin que d'assimiler à une donation l'acquiescement à un jugement ? Evidemment il y a une différence considérable. Nous sommes ici en présence du tuteur qui, éclairé par les débats, est convaincu qu'il a eu tort d'exercer l'action. Il s'aperçoit qu'il a commis un erreur: Pourquoi ne pas lui permettre d'acquiescer au jugement?

On se demande encore si le tuteur pourrait se désister de la demande une fois introduite, ou de l'appel interjeté? Nous ne nous occupons toujours que des droits mobiliers. Nous retrouverons sur cette question les mêmes opinions que sur la précédente: notre solution sera donc la même et pour les mêmes motifs. C'est ce qui a été jugé par la Cour de cassation par un arrêt du 17 Avril 1875. (Sirey 1875-1-152)

Au sujet des pouvoirs du tuteur en matière judiciaire, nous devons nous expliquer sur l'aveu et le serment. L'aveu du tuteur est-il opposable au mineur? La négative est généralement enseignée. En effet le mandat général ne comporte pas le pouvoir d'engager par un aveu fait en justice celui qu'on représente (art, 1356).

Mais il en serait autrement d'un aveu se référant à un acte d'administration : dans cette limite en effet le tuteur peut engager le pupille.

Quant au serment, une distinction est également nécessaire. Le tuteur ne peut seul déférer un serment litis-décisoire au nom du mineur et on ne peut le lui déférer à lui-même : En effet le serment a dans ce cas le caractère d'une transaction. Or nous savons que le tuteur ne peut transiger que dans les conditions de l'art. 467.

Mais le serment peut être déféré au tuteur d'abord dans le cas de l'art. 2275 du Code civil.

Enfin nous déciderions, comme pour l'aveu, que s'il s'agit d'actes d'administration, personnels au tuteur, le serment peut lui être déféré.

CHAPITRE II

DES MINEURS PLACÉS SOUS LE RÉGIME DE L'ADMINISTRATION LÉGALE DU PÈRE

NOTIONS GÉNÉRALES

C'est la situation des mineurs légitimes qui ont encore leur père et mère qui va maintenant nous occuper. Nous allons voir quelles sont les mesures protectrices prises par la loi pour sauvegarder leur patrimoine mobilier. Aux termes de l'art. 389 du Code civil, c'est le père qui est chargé, durant le mariage, de gérer les biens personnels qui peuvent appartenir à à ses enfants. Le plus souvent il a en même temps la jouissance légale de cette fortune, jusqu'à ce que les mineurs aient atteint l'âge de dix-huit ans accomplis : mais l'administration lui est confiée dans tous les cas jusqu'à leur majorité ou leur émancipation. C'est là un attribut de son droit de puissance paternelle.

Cette administration ne conserve son caractère propre que pendant la durée de l'union conjugale : dès que le mariage est dissous, c'est le régime de la tutelle qui commence. (art. 390). Il en résulte que cette administration légale n'appartient jamais à la mère. Il en serait ainsi cependant si, pendant le mariage, le père se trouvait, en fait, hors d'état de remplir cette mission. C'est ce qu'il faudrait décider si le père était interdit, en état de présomption d'absence ou déchu de la puissance paternelle.

Nous verrons toutefois qu'il n'est pas universellement admis que les tribunaux puissent prononcer cette déchéance.

Mais en dehors de ces hypothèses, n'y a-t-il pas une autre circonstance dans laquelle ce n'est pas le père qui aurait cette administration légale ? N'en est-il pas ainsi dans le cas où des biens auraient été donnés à un enfant ou lui auraient été légués, sous la condition que le père n'en aurait pas l'administration ? L'art. 387 du Code Civil reconnaît la validité d'une clause qui priverait le père de la jouissance légale : faut-il décider de même pour celle qui lui enlèverait l'administration ? Cette dernière condition au contraire ne devrait-elle pas être réputée non écrite comme contraire à l'ordre public ?

C'est là une question controversée et sur laquelle il est difficile de prendre parti. Nous n'y insisterons pas, car ce point ne touche qu'indirectement à notre sujet. Nous nous contenterons de remarquer que la jurisprudence a admis la solution la plus favorable au disposant et à l'enfant lui-même. Pour valider cette clause, la Cour de cassation a distingué les attributions de la puissance paternelle qui sont simplement naturelles de celles qui sont essentielles. L'administration des biens n'étant qu'une attribution naturelle, on peut la séparer de la puissance paternelle sans porter atteinte à celle-ci. Le dernier arrêt de la Cour suprême sur ce point est du 9 janvier 1872 (Sirey 1872-1-273). Voir dans le même sens Orléans : 5 février 1870 (Sirey. 1870-2-257) et Dijon, 3 mars 1880. *France judiciaire* du 16 janv. 1881 page 188.

Nous savons donc maintenant à qui appartient l'administration légale. C'est le père en principe qui doit gérer la fortune mobilière de ses enfants. Mais ce que la loi ne nous apprend pas expressément c'est d'après quelles règles cette gestion doit être gouvernée. Ce silence de la loi est fort embarrassant et a suscité de nombreuses difficultés.

Nous allons essayer d'abord d'étayer, à l'aide des principes, un système général, et, ce jalon une fois posé, nous examinerons rapidement les difficultés de détail qui se présentent.

En étudiant la situation des mineurs en tutelle, nous avons vu que la loi prend des mesures de deux sortes pour sauvegarder, contre l'administration du mandataire qu'elle choisit, les intérêts de l'incapable. Ce sont d'abord des garanties de bonne gestion et de restitution, des obligations imposées au tuteur : ce sont ensuite des restrictions apportées à l'étendue de ses pouvoirs.

Dans quelle mesure ces règles sont-elles applicables à l'administration légale ? Nous écartons tout d'abord une opinion qui avait été émise, mais qui ne compte plus aujourd'hui de partisans. C'est celle d'après laquelle la situation du père administrateur légal serait de tous points assimilable à celle du tuteur. Cette opinion était évidemment inadmissible. Elle était contraire aux traditions historiques, aux textes de la loi et enfin à l'intention du législateur parfaitement manifestée dans les travaux préparatoires du code.

Ce système avait d'abord contre lui les précédents de notre ancien droit. Dans notre ancienne jurisprudence française, on distinguait en effet parfaitement la gestion tutélaire de l'*administration légitime*, qui était considérée comme un attribut de la *mainbournie* ou puissance paternelle (Notes de Laurière sur Loisel, t. 1, p. 203, et Somme de Boutellier, Liv. 1, tit. 75).

Ce système est encore en opposition avec le texte de l'article 389 qui emploie à dessein le mot administrateur et avec l'art. 390 qui fait commencer le régime de la tutelle seulement à la mort de l'un des époux.

Enfin et surtout cette doctrine doit être repoussée si on consulte les travaux préparatoires du Code. Cet art. 389 n'existait pas en effet dans le projet primitif. C'est à la demande du Tribunat qu'il fut introduit dans le Code. Les observations qu'il présenta à cet effet indiquent de la manière la plus claire l'intention bien marquée de ne pas assimiler ces deux situations. « Jamais, jusqu'à ce jour, » est-il dit dans ces observations, le père ne fut qualifié » de tuteur de ses enfants avant la dissolution du ma- » riage. Si pendant que le mariage existe la loi n'admet- » tait aucune différence entre le père et le tuteur propre- » ment dit, il faudrait que le père fût par rapport aux » biens personnels de ses enfants, assujetti, durant le » mariage, à toutes les conditions et charges que la loi » impose au tuteur. Il faudrait que le père fût sous la » surveillance d'un subrogé tuteur, sous la dépendance » d'un conseil de famille, etc., etc., ce qui répugne à tous » les principes universellement reçus... » (Locré, Législ. civ., t. VII, p. 215).

Il résulte bien de ces paroles qu'il y a des différences entre le père administrateur et le tuteur et que nous ne pouvons transporter ici toutes les règles posées pour la tutelle.

Mais alors que décider ?

Quant à la première série de mesures que prend la loi dans l'intérêt du mineur, il n'y a plus guère de difficultés aujourd'hui. On admet généralement, sauf quelques difficultés de détail, que le père administrateur n'est pas tenu des obligations qui s'imposent au tuteur en tant que tuteur : il n'est pas assujetti aux diverses garanties qui sont des mesures de défiance contre le tuteur. On décide qu'il n'est tenu que des obligations de droit commun, celles dont est tenu tout administrateur de la fortune d'autrui. On est disposé à comparer sa situation à celle du mari, administrateur des biens personnels de sa femme.

Mais quant à l'étendue des pouvoirs du père administrateur, la question est débattue. Les auteurs sont divisés et la jurisprudence ne nous semble pas complètement fixée sur ce point. On peut ramener à trois les opinions qui se sont produites sur cette question.

1re *Opinion*. — La loi n'ayant pas limité les pouvoirs du père administrateur, il a tous les pouvoirs.

Cette opinion ne peut être admise. En effet le père, quoique ayant, à notre avis, des pouvoirs plus étendus que le tuteur, n'est pourtant qu'un administrateur. Or tout administrateur de la fortune d'autrui a des pouvoirs plus ou moins restreints. De plus le père doit rendre compte : c'est donc que ses pouvoirs ne sont pas illimités.

2e *Opinion*. — Quant à l'étendue des pouvoirs, il faut appliquer par analogie les règles de la tutelle. En conséquence le père de famille devra obtenir l'autorisation du conseil de famille et du tribunal dans les mêmes cas que le tuteur.

C'est là une opinion assez généralement admises. Elle est enseignée par des auteurs très estimés, comme MM. Demolombe, Valette, Aubry et Rau, etc., et elle a pour elle quelques décisions de la jurisprudence. Quelque considérables que soient ces autorités, nous ne pouvons nous ranger à ce système.

En effet il soumet, dans certains cas, le père administrateur à la nécessité de convoquer le conseil de famille pour se faire autoriser. Mais sous l'administration légale, il n'y a pas de conseil de famille, son existence serait illégale. C'est ce que nous avons vu indiqué dans les observations du Tribunat : « Il faudrait que le père fût sous la dépendance du Conseil de famille, etc., ce qui répugne à tous les principes constamment reçus. » Mais on insiste et on déclare que le législateur a bien voulu affranchir le père de la surveillance permanente du conseil de famille, mais non pas le dispenser complètement de recourir à lui. D'ailleurs, dit-on, si le père veut se dispenser de ce contrôle, il n'a qu'à se renfermer dans les limites étroites de l'administration. A cela nous répondons que cette abstention dont on parle est souvent impossible ou serait souvent un abandon coupable des intérêts de l'enfant. Comment en effet éviter d'accepter un legs universel quand il est certainement très avantageux ? (Art. 461.) N'y a-t-il pas certains cas donnés où le père manquerait à tous ses devoirs, s'il n'intentait pas une action immobilière au nom de son enfant ? etc. Et pourtant, dans tous les cas, il faudrait, d'après cette opinion, le consentement du conseil de famille. Du reste nous n'apercevons pas très bien la portée de cette distinction qu'on veut établir entre le rôle du conseil de famille en cas d'administration légale et son rôle en cas de tutelle. En présence du tuteur, dit-on, il exerce une surveillance permanente ; en face du père administrateur il n'intervient que dans certaines hypothèses exceptionnelles. Est-il bien exact de dire que le conseil de famille exerce sur le tuteur une surveillance permanente ? Cela nous paraît douteux. On ne peut faire allusion en effet au droit qu'a le conseil de famille d'exiger du tuteur des états de situation. C'est là en effet une mesure facultative pour l'assemblée des parents et qui du reste ne s'applique pas aux père et mère (Art. 470). Mais alors que serait cette surveillance permanente dont on parle ? La vérité c'est que le conseil de famille n'est convoqué, n'intervient dans l'administration que pour donner son autorisation au tuteur quand cela est nécessaire. Assimiler à ce point de vue le père administrateur au tuteur ce serait lui faire la même situation vis-à-vis du conseil de famille, et c'est ce que le législateur n'a pas voulu. Du reste alors que le père et la mère sont encore vivants ne serait-il pas dangereux pour la bonne harmonie du ménage de faire intervenir des parents choisis dans les deux lignes, ayant des intérêts opposés et des sentiments divers, quelquefois ennemis les uns des autres? Ne vaut-il pas mieux s'en rapporter à la prévoyance du père et à son amour pour son enfant? Enfin l'influence de la mère, toujours forte pour veiller sur les intérêts de son enfant, n'est-elle pas une garantie suffisante?

Pour ces divers motifs, nous pensons que jamais le père administrateur n'a besoin de recourir à l'autorisation du conseil de famille.

3ᵉ *Opinion.* — Nous arrivons ainsi au troisième système qui nous paraît le plus conforme à l'intention des rédacteurs du Code. On peut le formuler ainsi.

1° Le père administrateur peut faire seul les actes que le tuteur peut faire seul et ceux que le tuteur peut faire avec l'autorisation du conseil de famille.

2° Quant aux actes pour lesquels le tuteur doit obtenir à la fois l'autorisation du conseil de famille et l'homologation du tribunal, le père administrateur devra être autorisé par la justice.

C'est là le système enseigné par M. Bufnoir à son cours. C'est aussi l'opinion de MM. Duranton, Marcadé et de Fréminville. Nous pouvons aussi invoquer en faveur de cette thèse quelques monuments de jurisprudence. La cour de Bourges par exemple a décidé par un arrêt du 11 janvier 1863 que le père administrateur légal peut intenter une action immobilière sans l'autorisation du conseil de famille (Sirey, 1863. 2. 121). Telle est également la jurisprudence du tribunal de la Seine (1).

Les principes que nous venons de poser nous serviront seuls à résoudre les difficultés qui se présentent au sujet des valeurs mobilières qui peuvent appartenir aux mineurs qui ont encore leurs deux parents et qui, par conséquent, sont placés sous l'administration légale du père de famille. La loi du 27 février 1880 n'est pas applicable aux enfants qui ont encore leur père et leur mère. Il a été déclaré en effet à plusieurs reprises, dans la discussion de la loi, qu'elle n'était pas applicable au père administrateur légal. Bien plus, un amendement fut proposé par M. le sénateur Gazagne, demandant que la loi fût appliquée au père administrateur légal dans certains cas exceptionnels : 1° dans le cas de séparation de corps prononcée contre lui ; 2° de séparation de biens ; 3° d'expropriation ; 4° de faillite ou de déconfiture.

Cet amendement fut combattu par le rapporteur de la loi, d'abord comme portant atteinte à la puissance paternelle, ensuite comme n'étant pas à sa place dans une loi exclusivement faite contre les tuteurs. Se plaçant à ce dernier point de vue, M. Cazot, garde des sceaux, demanda également le rejet de la proposition :

« Qu'il y ait, dit-il, une loi générale à faire sur l'ad-
» ministration légale des père et mère, qu'il y ait lieu de
» combler à cet égard les lacunes que notre législation
» civile a laissé subsister, pour mon compte, j'en suis
» persuadé. J'ajoute que je suis disposé à étudier cette
» matière et à faire appel, s'il y a lieu, aux lumières du
» Conseil d'État ; mais, messieurs, ne touchez pas à cette

____

(1) Bertin, Chambre du Conseil.

» question incidemment, par voie d'amendement à une
» loi qui a un tout autre objet.... »

En présence de cette promesse du ministre, M. Gazagne
retira son amendement (1).

Mais attendre une loi d'ensemble sur cette matière sera
peut-être un peu long, et jusque-là que de préjudice peut
être causé à des mineurs ? L'expérience montre en effet
que le père administrateur n'apporte pas toujours à l'administration du patrimoine de son enfant toute la vigilance
requise. N'a-t-on pas vu des pères de famille faire des
placements de valeurs, appartenant à leurs enfants, sur
les fonds turcs, avec hypothèque sur le sérail ? (2)

Aussi plusieurs auteurs regrettent-ils qu'on n'ait pas
adopté l'amendement extensif proposé au Sénat. C'est
l'opinion exprimée par M. Guilbon, juge de paix du IXe arrondissement de Paris, dans un commentaire de la loi
nouvelle, paru dans *le Moniteur des juges de paix* (n^{os} de
janvier et de février 1880). C'est également l'avis de
de M. Bressolles dans son explication de la loi nouvelle
(Recueil de l'Académie de législation de Toulouse). Le
professeur de Toulouse fait à cet égard une réponse qui
nous semble bien juste aux motifs qui ont fait repousser
l'extension demandée par M. Gazagne. « Ce n'eût pas été,
» dit-il, sortir des vues générales de la loi et y introduire
» un élément étranger, comme on l'eût fait si on eût parlé
» des femmes mariées et des prodigues. On étudie depuis
» longtemps les droits successoraux du conjoint survivant et
» l'on propose la réforme du Code civil à cet égard : les
» avis sont divers et, quoique remontant à plus de soixante
» ans, la question n'est pas encore mûre, paraît-il ; mais
» cela n'a pas empêché que dans la loi du 14 juillet

(1) *Journal officiel* du 18 février 1880.
(2) Discours de M. Gazagne, *Journ. officiel* du 18 février 1880.

» 1866, sur *la propriété littéraire*, et même dans la loi
» du 25 mars 1875, sur *les déportés*, on l'ait résolue par-
» tiellement, pour telles situations données. »

Quoi qu'il en soit, ce qui est certain c'est que la loi
du 27 février 1880 ne s'applique pas au régime de l'administration légale. Donc tant pour la fortune mobilière
que pour la fortune immobilière, nous n'avons que l'art.
389 du Code civil. Nous avons à ce sujet établi le système
général qui nous semblait devoir être adopté : nous allons
rapidement en suivre l'application. Comme pour la tutelle,
nous diviserons ce travail en deux parties : 1° garanties
de bonne gestion et de restitution ; 2° étendue et limites
des pouvoirs du père administrateur ?

SECTION I.

Des garanties de bonne gestion et de constitution de la fortune mobilière du mineur.

I. *Du contrôle de la gestion du père administrateur.*
— Le contrôle de la tutelle est exercé par le conseil
de famille et par le subrogé tuteur. Mais ce sont là des
rouages tout à fait spéciaux à la tutelle et que nous ne
trouvons plus sous le régime de l'administration légale·
La justification de cette proposition ressort clairement du
passage précité des observations du Tribunat, et, pour ce
qui concerne la surveillance du subrogé tuteur du texte
de l'art. 420, d'après lequel la subrogée tutelle suppose
toujours l'existence d'une tutelle. On connaît d'ailleurs les
motifs qui ont fait affranchir le père administrateur de la
surveillance de ces autorités. C'est la présence de la mère
dont la tendresse saura veiller sur les intérêts de l'enfant ;
c'est cette émulation des deux parents, se concertant tous
les deux, se surveillant réciproquement pour protéger les
droits de l'enfant, issu de leur union.

Mais alors comment procéder si les intérêts de l'enfant
se trouvent en opposition avec ceux du père administrateur ? Il faudrait alors nommer à l'enfant un représentant
spécial, chargé de défendre ses droits et dont la mission
finirait avec la cause qui y aurait donné lieu (Arg. de
l'art. 318). Seulement on n'est pas d'accord sur le nom qu'il
convient de donner à ce protecteur spécial.

M. Duranton (t. III, n° 415) estime que ce représentant
devrait prendre le nom de subrogé tuteur *ad hoc*.

Plus généralement, on le désigne sous le nom de *tuteur ad hoc*.

Nous préférons l'expression d'administrateur légal *ad hoc,* proposée par quelques auteurs et adoptée par plusieurs arrêts. En effet sous cette question de mots se cache une question de droit. En effet si on appelle ce délégué tuteur *ad hoc,* on peut être tenté de dire qu'il ne pourrait agir valablement seul dans les cas où la loi exige le concours du tuteur et du subrogé tuteur. C'est ainsi qu'il a été jugé que la signification d'un jugement au seul tuteur *ad hoc* ne fait pas courir contre le mineur le délai d'appel, qu'il est nécessaire de signifier en outre le jugement à un subrogé tuteur *ad hoc* (Bordeaux, 19 mars 1875. Sirey, 1876, 2. 97). Mais la même cour de Bordeaux, par un arrêt en date du 2 juin 1876 (Sirey, 1876. 2. 330) a décidé que c'était un administrateur légal *ad hoc* qu'il fallait nommer dans ce cas. La cour de cassation, par un arrêt du 14 janvier 1878 (Sirey, 1878. 1. 218) s'est prononcée dans le même sens. Cette qualification, avons-nous dit, nous paraît préférable. En effet, tant que le mariage existe, il ne saurait y avoir de tutelle. L'opposition d'intérêts qui surgit momentanément entre le père et l'enfant ne peut changer cette situation. Il y a lieu, sans doute, de nommer à l'enfant un protecteur spécial. Pourquoi ne pas lui donner le nom de celui à qui il est substitué et ne pas lui donner les mêmes pouvoirs?

Par qui sera nommé cet administrateur légal *ad hoc?* Nous avons admis que sous le régime de l'administration légale, il n'y avait pas de conseil de famille. Par conséquent, dans notre système, la nomination doit être faite par le tribunal. On peut voir en ce sens un arrêt de la Cour de Paris du 9 janvier 1874 (Sirey, 1874. 2. 85)

Ainsi donc le père administrateur est affranchi de la surveillance du Conseil de famille et du subrogé tuteur. Dans certains cas seulement, il aura, comme nous verrons, à se faire autoriser par le tribunal. Par conséquent, dans une certaine mesure, le père administrateur est sous la surveillance de la justice. Mais le tribunal n'a-t-il pas, relativement à cette administration, un pouvoir plus étendu et ne pourrait-il pas, en cas d'inconduite notoire ou d'incapacité priver le père de l'administration légale ? En d'autres termes, l'art. 444, écrit pour la tutelle, est-il applicable à l'administration légale ? Le Code civil italien a formellement résolu la question. Il décide dans son art. 233 « que si le père ou la mère abusent de l'autorité paternelle par la violation ou la négligence de leurs devoirs ou par une mauvaise administration des biens de l'enfant, le tribunal, sur la demande des parents les plus proches ou même du ministère public, peut nommer un tuteur à la personne de l'enfant ou un curateur à ses biens, et priver les père et mère de leur usufruit en tout ou en partie, ou enfin prescrire toute mesure qu'il jugera convenable dans l'intérêt de l'enfant. » (Voir Huc et Orsier. — *Droit italien.*)

Mais notre Code civil ne contient aucune disposition expresse sur ce point : aussi hésite-t-on à étendre à l'administrateur légal une déchéance établie pour le tuteur.

Cependant la jurisprudence admet que les tribunaux peuvent prononcer cette déchéance, en usant toutefois de tous les ménagements compatibles avec l'intérêt de l'enfant. En effet, dit-on, toute autorité, quelque élevée qu'elle puisse être, est soumise à un contrôle, à une surveillance quelconque.

« Administrer en bon père de famille, dit M. Demolombe, tel est le mandat que la loi donne au père absolument comme au tuteur ; et l'art. 444 doit être, pour les deux cas, la sanction commune, parce qu'il en est, pour les deux cas, la sanction logique et nécessaire. » Il ap-.

partient donc au pouvoir judiciaire, chargé de veiller sur les intérêts de l'enfant, d'enlever au père, dans les cas prévus par l'art. 444, l'administration légale dont il se serait rendu indigne.

II. *De l'obligation de faire inventaire.* — Cette obligation, imposée au tuteur par l'art. 451, existe également pour le père administrateur. En effet ce n'est pas là un devoir spécial au tuteur, mais un devoir qui s'impose à tout administrateur de la fortune d'autrui, tenu de rendre compte (Art. 1414, 1415, 1442). Mais, nous en tenant toujours à notre principe général, nous dispenserons le père d'observer les règles spéciales à la tutelle.

En conséquence, il pourra procéder seul à l'inventaire, sans avoir besoin du concours d'un subrogé tuteur ou d'un contradicteur quelconque.

De même la disposition finale de l'art. 451 qui déclare déchu de sa créance contre le mineur, le tuteur qui n'en aurait pas fait la déclaration dans l'inventaire, n'est pas applicable au père administrateur légal.

Si le père a négligé de faire inventaire des biens échus à ses enfants, la consistance du mobilier pourra être établie, même par commune renommée : c'est là la sanction posée par le Code civil dans des cas tout à fait analogues (Art. 1415, 1504 et 1442).

III. *De la vente des meubles corporels.* — Nous avons vu que le tuteur est tenu, en principe, de faire vendre les meubles corporels. Mais c'est là une disposition exceptionnelle qui par suite ne saurait être étendue au père admiture. Le père est libre de vendre ou de conserver en nature les meubles corporels. S'il les vend, il n'est pas soumis aux formalités de l'art 452. En effet c'est là une exception au principe que les ventes mobilières sont des actes d'administration, et les exceptions ne s'étendent pas d'un cas à un autre.

Nous n'avons pas à parler de l'obligation de convertir les titres au porteur en titres nominatifs : c'est là en effet une prescription de la loi du 27 février 1880. Or nous avons vu que cette loi était complètement étrangère à l'administration légale du père.

IV. *Obligation pour le père administrateur de faire emploi des capitaux et de l'excédent des revenus.* — Sur ce point nous avons, pour la tutelle, les dispositions des art. 455 et 456 du Code civil et l'art. 6 de la loi du 27 février 1880. Ces règles ne sont certainement pas applicables au père administrateur légal. En effet ces articles mettent de plein droit à la charge personnelle du tuteur les intérêts des sommes appartenant au mineur : or c'est là une exception aux principes généraux du droit (Art. 1153 et 1154). C'est ainsi que la Cour de Lyon a jugé, le 9 août 1877, que le père administrateur des biens de ses enfants mineurs a le droit de recevoir pour ceux-ci une somme d'argent à eux léguée, sans être astreint ni à en faire emploi, ni à en donner caution (Sirey, 1878. 2. 174.)

Mais alors faut-il se contenter d'appliquer au père administrateur légal les dispositions de l'art. 1996, d'après lequel le mandataire ne doit en général l'intérêt des sommes qu'il a touchées pour le mandant, qu'autant qu'il les a employées à son usage et à dater de cet emploi ?

Cette solution serait certainement trop indulgente. D'ailleurs l'art. 1996 est fait pour un mandataire ordinaire, et non pour un mandataire dont le devoir est de faire fructifier les capitaux. Reste donc le principe d'après lequel le père doit administrer en bon père de famille et est responsable des dommages causés par sa négligence. Par conséquent il appartiendra aux tribunaux d'apprécier si le père administrateur a agi en bon père de famille. S'il y avait négligence manifeste soit dans le défaut d'emploi, soit dans le mode d'emploi, ils pourraient le condamner à indemniser le mineur du tort qui lui a été causé. C'est là une question de fait laissée à leur appréciation. (En ce sens, M. Aubry, Revue de droit français, année 1844, p. 682.)

V. *De la responsabilité du père administrateur et de l'obligation qui pèse sur lui de rendre compte.* — Comme le tuteur, le père administrateur représente le mineur dans tous les actes juridiques, auxquels donne lieu l'administration du patrimoine de l'enfant, soumis à sa puissance. Comme le tuteur, il est tenu d'administrer en bon père de famille (Art. 450) et comme lui il est responsable des fautes qu'il pourrait commettre dans sa gestion. Les règles, sur ce point, sont celles que nous avons posées pour la tutelle : il ne s'agit plus en effet ici de mesures préventives, mais de mesures répressives et il n'y a pas de motif pour apprécier autrement la responsabilité du père administrateur que celle du tuteur.

Comme le tuteur également, le père administrateur doit rendre compte de sa gestion. L'art. 389 s'exprime formellement à cet égard : « Il est comptable quant à la propriété et aux revenus des biens dont il n'a pas la jouissance, et quant à la propriété seulement, de ceux des biens dont la loi lui donne l'usufruit. » Quant à la manière dont ce compte doit être rendu, nous appliquerons les art. 471 et 473. Ce sont là, en effet, des règles qui n'ont rien d'exceptionnel. Il en est tout autrement des art. 472, 474 et 475 : ce sont là des dispositions qui dérogent au droit commun et qui, par suite, se refusent à toute extension.

Le père administrateur, à la différence du tuteur, n'est pas grevé, sur ses biens, d'une hypothèque légale. C'est là un point admis aujourd'hui par la doctrine et par la juris prudence. L'hypothèque, en effet, n'a lieu que dans les cas spécifiés par la loi (Art. 2115). Or, ce sont spécialement les biens du tuteur qui sont frappés de cette hypothèque légale (Art. 2121) et le père administrateur, nous l'avons vu, n'est pas tuteur.

Pour justifier cette disposition de la loi, on a fait remarquer que le père est déjà grevé d'une hypothèque légale, celle de sa femme. C'eût été porter une atteinte trop grave à son crédit et, par suite, au crédit général que de frapper ses biens d'une autre hypothèque au profit de ses enfants mineurs.

On peut encore joindre cette considération que le mineur n'a encore recueilli la succession d'aucun de ses parents. C'est la plupart du temps un legs sans grande importance qui lui a été fait. Il est souvent désirable même pour lui que son père, dont il est héritier présomptif, conserve tout son crédit, et toute la liberté d'action que ce crédit peut lui donner.

Telles sont les garanties que nous trouvons prises par la loi pour assurer la conservation de la fortune mobilière du mineur. Dans ce but encore la loi a restreint les pouvoirs du tuteur : voyons quelles règles il faut poser, dans ce second ordre d'idées, pour le père administrateur.

SECTION II.

Des limites du pouvoir du père administrateur.

Nous avons posé, au début de celte étude, le principe général qui nous semble devoir être adopté sur cette question. Le père qui, d'après le texte même de l'art. 389, n'est qu'un administrateur, n'a pas tous les pouvoirs d'un propriétaire. Nous avons admis qu'il fallait appliquer par analogie certaines règles de la tutelle. Comme sous ce régime il n'y a pas de conseil de famille, le père pourra faire seul les actes que le tuteur ne pouvait accomplir qu'avec l'assentiment de cette assemblée de parents.

Mais la justice, elle, est toujours là: en conséquence le tribunal devra intervenir dans les mêmes cas que sous la tutelle. Appliquons ce principe aux divers actes de la gestion paternelle.

I. *Actes complètement interdits au père administrateur.* — Sur ce point nous appliquerons les mêmes règles qu'au tuteur. On est d'accord en effet pour reconnaître que le père administrateur ne peut faire une donation, passer un compromis au nom de son enfant. Mais le père administrateur peut-il acheter les biens de son enfant, accepter la cession d'un droit contre lui ?

M. Aubry, dans son étude sur l'administration légale du père pendant le mariage (*Revue du droit français,* année 1844, p. 681), admet que ce pouvoir appartient au père, à la condition toutefois qu'il ne figurera pas, comme représentant du mineur, au nom duquel stipulera un tuteur spécialement nommé à cet effet. De même la cour de Bordeaux a jugé que l'art. 450, d'après lequel le tuteur ne peut accepter la cession d'aucun droit contre son pupille, ne doit pas être appliqué au père administrateur des biens de ses enfants (3 janvier 1849, Sirey, 1852. 2. 304).

Ces solutions nous paraissent contestables et nous inclinons à penser, avec M. Demolombe, que ces actes sont absolument défendus au père administrateur. Les motifs sont d'abord les mêmes pour maintenir l'interdiction ; de plus, l'art. 1596 défend aux mandataires de se porter adjudicataires des biens qu'ils sont chargés de vendre. Or. c'est bien le père administrateur qui est chargé de vendre les biens de son enfant.

II. *Actes que le père administrateur ne peut faire qu'avec l'autorisation du tribunal.* — Pour ce qui a trait au patrimoine mobilier du mineur, nous ne trouvons que deux actes soumis à l'autorisation préalable de la justice : ce sont l'emprunt et la transaction.

Avant la loi du 27 février 1880, la jurisprudence décidait que la loi du 24 mars 1806 et le décret du 25 septembre 1813 étaient applicables au père administrateur. Mais la loi de 1880 a prononcé l'abrogation expresse de ces dispositions législatives. Par conséquent aujourd'hui le père administrateur a toute liberté pour le transfert des rentes sur l'État ou des actions de la Banque de France qui peuvent appartenir à son enfant. C'est ce que décide la circulaire du ministre de la justice sur l'application de la loi du 27 février 1880 (Duverg., Collect. des lois, 1880, p. 59). Toutefois cela ne va pas sans quelque difficulté et il eût été peut-être désirable que la loi s'expliquât d'une manière précise sur ce point.

III. *Actes que le père administrateur peut faire seul.* — Il résulte du principe que nous avons posé qu'il faut ranger dans cette catégorie tout à la fois les actes que le tuteur peut faire seul et ceux pour lesquels il doit obtenir l'autorisation du conseil de famille. Nous n'avons pas à reprendre une énumération que nous avons déjà donnée en nous occupant des pouvoirs du tuteur.

Ainsi nous admettons, sans difficulté, que le père pourra aliéner seul, et sans être soumis à aucune formalité, les meubles incorporels de son enfant, quelque considérable que puisse être leur valeur.

De même, il pourra, sans autorisation d'aucune sorte, convertir en titres au porteur les titres nominatifs appartenant au mineur, placé sous sa puissance. C'est là en effet ce que décidait la jurisprudence avant la loi du 27 février 1880, et nous savons que cette loi nouvelle est étrangère à l'administration légale du père. Nous pouvons citer en effet une décision, rendue, il est vrai, avant 1880, mais qui serait encore admissible avec la loi nouvelle et qui se prononce dans ce sens. C'est un arrêt de la cour de Paris du 29 décembre 1878, qui a jugé que le père, administrateur légal de ses enfants mineurs, peut exiger la conversion en titres au porteur des titres nominatifs, légués à ses enfants, en justifiant simplement de l'acceptation bénéficiaire des mineurs (Rev. du notariat, n° 5800).

De même le père administrateur peut intenter seul une action mobilière, même une action en partage. En un mot, il peut agir seul dans tous les cas où le tuteur n'est pas obligé de s'adresser à la justice.

Telles sont les règles qui nous paraissent devoir gouverner l'administration légale du père. Les mesures préventives se réduisent à bien peu de chose et le père a des pouvoirs bien étendus. On compte beaucoup sur l'influence de la mère, sur l'affection du père : n'est-ce pas là avoir trop de confiance dans le cœur humain ? L'expérience a démontré que la loi se trouvait sur ce point souvent trompée dans ses prévisions.

Plusieurs législations ont essayé de porter remède à cette situation fâcheuse en soumettant l'exercice de la puissance paternelle au contrôle effectif soit de la famille, soit de la puissance publique (1). En France des études sont faites en ce moment pour arriver à un projet de loi sur cette matière. Tout en respectant en effets les droits du père de famille et l'influence de la mère, il ne faut pas oublier non plus que des abus sont possibles : le législateur doit les prévenir par les mesures les plus efficaces.

(1) Voir une communication faite à la Société de législation comparée par M. Pradines, substitut du procureur général à la cour de Paris, sur les limites apportées à la puissance paternelle par les législations étrangères des principaux pays de l'Europe (Bulletin de la, société année 1878—1879, t. 8, p. 113 et suiv.).

CHAPITRE III

DES MINEURS ÉMANCIPÉS.

En principe le mineur reste soumis à la puissance paternelle ou en tutelle jusqu'à sa majorité, c'est-à-dire jusqu'à l'âge de vingt-un ans accomplis (Art. 488). Jusqu'à cette époque l'enfant est présumé trop faible et trop inexpérimenté pour gouverner lui-même sa personne et administrer ses biens. Mais cette présomption de la loi peut être démentie par les faits ou nuisible, dans certaines circonstances données, aux intérêts de l'enfant. Le mineur peut avoir acquis une maturité suffisante pour gérer lui-même sa fortune : il peut convenir de l'initier dès maintenant à ses propres affaires qu'il aura bientôt à conduire lui-même et à conduire seul. Cette sorte de stage peut être une mesure excellente. La loi l'autorise et ce but est atteint par l'émancipation. L'émancipation est donc un acte qui fait cesser, dans la personne du mineur, soit la puissance paternelle, soit la tutelle, soit l'une et l'autre, et qui, sans donner au mineur tous les droits inhérents à la majorité, lui confère cependant une certaine capacité.

Nous n'avons pas à examiner quand et comment a lieu l'émancipation. Nous supposons le mineur émancipé et nous avons à voir, dans cette situation, quelles sont les règles qui régissent l'administration de sa fortune mobilière.

Le principal effet de l'émancipation est de donner au mineur lui-même la direction de ses affaires : c'est le mi-

neur désormais qui aura l'administration de son patrimoine : c'est lui, par conséquent, qui gèrera sa fortune
mobilière et qui fera tous les actes juridiques nécessités par
les besoins de cette administration. Mais quelles mesures
va prendre la loi pour assurer la conservation de cette
fortune, pour protéger le mineur non plus contre l'imprudence ou l'infidélité d'un tuteur, mais contre sa propre
inexpérience, contre les entraînements de son âge ?

Le législateur, dans ce but, n'affranchit pas le mineur
émancipé de tout contrôle. Il charge certaines autorités
de veiller sur lui, de l'assister dans les actes les plus
importants ; en second lieu et surtout il apporte des restrictions à sa capacité. Nous allons étudier successivement,
dans deux sections, les dispositions de la loi sur cette matière.

SECTION I

Des autorités chargées de veiller sur le mineur émancipé.

A côté de tout mineur émancipé nous trouvons un guide, une sorte de conseil : c'est le curateur. Malheureusement notre Code civil est des plus laconiques en ce qui concerne la curatelle. Il ne s'en explique, pour ainsi dire, qu'en passant. De là une grande diversité d'avis parmi les auteurs : y a-t-il une curatelle légale comme il y a une tutelle légitime ? C'est là un point discuté. Mais nous n'avons pas à entrer dans cette controverse. Contentons-nous d'indiquer la solution qui a prévalu en jurisprudence.

On admet qu'en principe le curateur doit toujours être nommé par le conseil de famille (Arg. de l'art. 480). Par exception, le mari est de droit curateur de sa femme (1) (Arg. de l'art. 2208).

On peut citer un autre exemple de curatelle légitime : l'enfant admis dans un hospice est de plein droit, après son émancipation, sous la curatelle du receveur de l'hospice (Art. 5 de la loi du 15 pluviôse an XIII).

Le curateur une fois nommé, quelle est sa mission ? Ses fonctions diffèrent complètement de celles du tuteur : le curateur n'administre pas. Il est le guide et le conseil du mineur : il doit seulement l'assister dans les actes de

---

(1) Cass. 4 févr. 1868, Sirey, 1868. I. 1441 ; M. Laurent (Pr. du droit civil, t. 5, p. 235) conteste cette solution. Pour lui la femme mariée n'a pas de curateur, bien que mineure.

quelque importance. Mais le mineur figure toujours personnellement dans les actes qui l'intéressent.

Le curateur n'administrant pas, n'a pas le maniement des deniers pupillaires : il n'a donc pas de comptes à rendre. Ses biens ne sont pas frappés d'une hypothèque légale au profit du mineur.

Est-ce à dire que le curateur soit à l'abri de toute responsabilité ? Nous ne le pensons pas. Nous croyons qu'il faut résoudre cette question à l'aide de la distinction proposée par MM. Aubry et Rau, distinction qui nous paraît parfaitement juste.

Supposons que le curateur a causé un préjudice au mineur en lui prêtant son assistance, ou, au contraire, en la lui refusant dans un acte judiciaire ou dans un acte extra-judiciaire : dans ce cas le curateur n'est responsable que de son dol ou de sa faute lourde assimilable au dol.

Mais lorsque la loi impose au curateur l'obligation de prendre par lui-même une mesure quelconque, pour la garantie des intérêts du mineur, sa responsabilité doit être appréciée d'après les règles qui régissent celle du tuteur et sa simple négligence peut le rendre passible de dommages-intérêts. Il en serait ainsi dans le cas où, contrairement aux dispositions de l'art. 482, le curateur aurait négligé de surveiller l'emploi du capital touché, sans son assistance, par le mineur émancipé.

A côté du curateur nous trouvons encore le conseil de famille qui doit intervenir dans certains cas déterminés par la loi pour autoriser certains actes, et le tribunal qui doit aussi, dans certaines hypothèses, homologuer la délibération du conseil de famille — Mais nous pensons que cette intervention de la justice n'est nécessaire et même autorisée que dans les cas limitativement déterminés par ʼa loi. L'émancipation est en effet d'ordre public. On ne peut ni augmenter ni diminuer la protection que la loi a organisée pour ces incapables. Nous ne saurions donc adopter la décision de la cour de Douai qui a décidé, par un arrêt en date du 22 décembre 1863 « qu'il appartient aux tribunaux d'intervenir pour régler l'emploi des capitaux à recevoir par un mineur émancipé, lorsqu'il leur apparaît d'après les circonstances de la cause, que l'emploi projeté par le curateur est de nature à compromettre les intérêts du mineur » (Sirey, 1865. 2. 13). En effet c'est le curateur seul que l'art. 482 charge de surveiller l'emploi de ces capitaux. Tout ce qui peut résulter du défaut de surveillance de ce dernier, c'est, comme nous l'avons vu, qu'il sera responsable des fonds dissipés par le mineur.

Mais il est une attribution importante donnée aux tribunaux relativement aux mineurs émancipés et sur laquelle nous devons nous expliquer. C'est le droit qui leur appartient, en vertu de l'art. 484, de réduire pour cause d'excès les obligations contractées par le mineur, obligations qui, en soi, n'excèdent pas les bornes de sa capacité.

Nous plaçons ici l'explication de cette disposition de la loi, parce que c'est une mesure de protection prise par le législateur contre l'inexpérience du mineur et contre le goût de la dépense qu'on rencontre souvent chez les jeunes gens. L'on voit fréquemment des fournisseurs abuser des passions de la jeunesse, des usuriers exploiter la confiance des mineurs. Tout le monde connaît cette scène de l'*Avare* de Molière où Laflèche apprend à Cléante, son maître, les conditions de l'emprunt qu'il a négocié pour lui (1). Ce n'est pas là simple imagination de comédien et la scène qui nous est décrite s'est reproduite plus d'une fois devant les tribunaux. Pour n'en citer qu'un exemple, dans une espèce qui s'est présentée devant la cour de

____

(1) Molière, l'*Avare*, Scène I, Acte II.

Paris, un mineur avait souscrit deux obligations de 1500 francs chacune : pour la première il avait reçu 100 francs et pour la seconde deux pendules valant au plus 120 francs (Arrêt du 19 mai 1818. Dalloz au mot Minorité, n° 847).

C'est pour protéger le mineur contre ces prodigalités contre ces extravagances, que la loi a donné aux tribunaux ce droit de réduire les engagements pris par le mineur.

Voyons dans quelle mesure s'exerce ce pouvoir accordé aux tribunaux.

Il faut d'abord qu'il s'agisse d'actes que le mineur aurait pu faire valablement seul. Il faut que le mineur ait agi dans la mesure de ses pouvoirs. Cela est certain : la preuve, c'est que, comme nous le verrons, quand les tribunaux auront usé de ce pouvoir, le mineur pourra se voir retirer l'émancipation. C'est donc qu'il a abusé de la capacité qui lui appartient.

En conséquence, l'art. 484 ne serait pas applicable si, comme dans la scène de l'*Avare*, les fournitures cachaient un emprunt. Dans ce cas, ce serait l'art. 483 qui serait applicable. L'emprunt déguisé serait nul, parce qu'il aurait été fait sans l'observation des formes prescrites par la loi.

Maintenant, les obligations valables en soi, que la loi permet de réduire, sont les engagements pris par le mineur, engagements qui sont hors de proportion avec ses revenus. C'est ce qui résulte des travaux préparatoires du Code (Locré, t. III, p. 396). La loi s'applique aux dépenses exagérées qu'a faites le mineur, mais en traitant à crédit. Par exemple, c'est un jeune homme d'une fortune modeste qui a acheté des chevaux de grand prix et qui ne les a pas encore payés.

On peut encore supposer un mineur qui a loué un appartement somptueux pour se loger, mais dont le loyer est tout à fait hors de proportion avec ses revenus. Ce sont ces différentes hypothèses que vise la loi quand elle dit : « *à l'égard des obligations qu'il aurait contractées par voie d'achats ou autrement...* »

Dans ces divers cas, les tribunaux peuvent réduire les engagements du mineur. Seulement la loi leur recommande de prendre en considération la fortune du mineur, la bonne ou la mauvaise foi des personnes qui ont contracté avec lui, l'utilité ou l'inutilité des dépenses. Cette disposition finale de l'art. 484 s'explique parfaitement : en effet c'est là surtout une mesure prise contre les fournisseurs qui ont abusé ou malhonnêtement profité de l'inexpérience du mineur et de sa prodigalité.

Mais quelles sont les personnes qui peuvent demander cette réduction ? L'action en réduction compète certainement au mineur assisté de son curateur. Mais n'appartient-elle pas aussi aux personnes qui, en cas de réduction, auraient le droit de révoquer l'émancipation ? M. Demolombe admet que le père ou la mère, ou le conseil de famille pourraient, suivant les cas, s'adresser à la justice pour faire prononcer cette réduction.

Cet auteur se fonde sur ce que ces personnes peuvent révoquer l'émancipation. Or ce droit deviendrait illusoire si ces personnes n'étaient pas également autorisées à demander la réduction des engagements contractés par le mineur. C'est là en effet le préliminaire indispensable de cette révocation. Or, qui veut la fin, veut les moyens.

Nous reconnaissons bien la valeur de cet argument, mais c'est là plutôt une critique de la loi qu'une raison véritablement juridique. Ce qui est certain c'est que le mineur émancipé exerce lui-même, assisté de son curateur, les actions qui l'intéressent. Dans le silence de la loi, il nous paraît difficile d'accorder ce droit à d'autres personnes.

Cette réduction des engagements du mineur peut, suivant les cas, donner lieu à le priver du bénéfice de l'émancipation (Art. 485). Cette menace adressée au mineur qui abuserait de sa capacité est encore une mesure de protection prise par la loi. C'est un moyen suprême accordé à la famille, chargée de veiller sur la gestion du mineur. La loi nous apprend en effet que ce pouvoir de retirer l'émancipation appartient à ceux qui ont faculté de la conférer : la révocation a lieu suivant les mêmes formes que la délation.

Remarquons que ce retrait de l'émancipation n'est autorisé qu'autant qu'il est judiciairement constaté que le mineur a abusé de sa capacité. Il faudrait même, si on prenait à la lettre l'art. 485, que le tribunal eût en fait réduit les engagements contractés par le mineur. Mais s'inspirant de l'esprit de la loi, les auteurs admettent généralement qu'il suffit que la justice ait constaté qu'il y avait excès dans les obligations du mineur. En effet l'abus peut exister sans que la réduction s'en suive, dans le cas où les tiers qui ont traité avec le mineur sont de bonne foi.

Mais nous pensons que c'est seulement en présence d'engagements excessifs que le mineur peut se voir retirer l'émancipation. Nous ne saurions donc partager l'avis de M. Demolombe qui permet de faire rentrer en tutelle ou sous la puissance paternelle le mineur émancipé qui a eu une inconduite notoire. Cette opinion en effet ne s'appuie sur aucun texte. En outre le jurisconsulte nous semble oublier ici le but principal de l'émancipation. Cet acte a surtout pour effet de donner au mineur l'administration de ses biens. Tant qu'il gère utilement et d'une manière conforme à ses intérêts, le vœu du législateur est satisfait. La morale peut être offensée s'il tient une conduite blâmable ; mais tant que ses intérêts pécuniaires ne souffrent pas, il n'y a pas de motif pour l'enlever à la direction de ses affaires.

Nous devons remarquer enfin que le retrait d'émancipation ne peut s'appliquer au mineur marié. D'abord cette situation d'époux a toujours paru incompatible avec la tutelle ou la puissance paternelle. De plus par quelle forme retirer ici l'émancipation ? Elle s'est opérée de plein droit.

Nous avons ainsi terminé ce qui a trait aux autorités chargées de veiller sur le mineur émancipé. Nous devons cependant ajouter la protection du ministère public auquel doivent être communiquées les affaires concernant les mineurs émancipés, aussi bien que les mineurs non émancipés (Art. 83, pr. civ.).

Nous n'avons parlé jusqu'ici que du Code civil. En étudiant la situation des mineurs non émancipés, nous avons vu que la loi du 27 février 1880 imposait aux tuteurs deux obligations nouvelles, qui sont aussi des mesures préventives prises dans l'intérêt de ces incapables. Nous voulons parler des dispositions des art. 5 et 6 qui prescrivent au tuteur l'obligation de convertir les titres au porteur en titres nominatifs et de faire emploi des capitaux appartenant au pupille dans un certain délai.

Ces dispositions sont-elles applicables au mineur émancipé ? La négative est évidente en présence de la place qu'occupe dans la loi de 1880 l'art. 4 qui ne déclare étendre aux mineurs émancipés que les dispositions des articles 1 et 2. C'est là, croyons-nous, une lacune regrettable de la loi.

L'obligation de convertir les titres au porteur en titres nominatifs était une mesure excellente : il est fâcheux qu'elle n'ait pas été rendue commune aux mineurs émancipés, car rien ne leur sera plus facile que d'éluder les dispositions de la loi. Qu'on remarque en effet l'anomalie.

Voilà un mineur émancipé qui recueille une succession dans laquelle se trouvent des titres au porteur pour une somme considérable. Il n'est pas tenu de les convertir.

Mais alors qui l'empêche d'en disposer seul ? La simple tradition en opère en effet le transfert. N'est-il pas évident que la protection de la loi se trouve ici en défaut ?

Il eut été désirable également que l'obligation de faire emploi des capitaux eût été imposée au mineur émancipé. Sans doute nous avons bien l'art. 482 qui défend au mineur de recevoir un capital mobilier sans l'assistance de son curateur et charge ce dernier d'en surveiller l'emploi. Mais n'est-il pas à craindre que, dans certains cas, cette garantie ne soit pas suffisante ? Supposons en effet que le mineur soit seul légataire ou seul héritier. Il y a des capitaux dans la succession. Dans ce cas le curateur n'a pas à intervenir et alors qui assure la conservation de ces deniers ?

Nous avions bien le droit de dire qu'il eût été désirable que ces deux mesures de protection, édictées par la loi du 27 février 1880 eussent été appliquées aussi aux mineurs émancipés.

SECTION II

De la capacité du mineur émancipé, relativement à l'administration de sa fortune mobilière.

L'émancipation a pour effet de donner au mineur lui-même la gestion de son patrimoine. Mais la loi s'est défiée de l'inexpérience de son âge et ne lui a donné qu'une capacité restreinte. Nous avons à examiner l'étendue de cette capacité:

Pour cela nous allons, comme nous l'avons fait pour le tuteur, distinguer diverses catégories d'actes.

Nous examinerons :

1° Les actes qui lui sont complètement interdits.

2° Ceux pour lesquels il est soumis à toutes les conditions prescrites pour le mineur en tutelle, c'est-à-dire l'autorisation du conseil de famille avec ou sans l'homologation du tribunal, suivant les cas, et quelquefois avec des formalités de justice.

3° Ceux pour lesquels l'assistance de son curateur est nécessaire, mais suffisante.

4° Ceux enfin qu'il peut faire seul et sans aucune assistance.

En général ces distinctions s'appliquent à tous les mineurs émancipés quels qu'ils soient. Nous devrons faire cependant une exception pour le mineur émancipé, qui fait un commerce. Sa capacité est régie par des règles spéciales. Nous en dirons quelques mots dans un paragraphe spécial.

Nous aurons également à signaler, quant à l'application de la loi du 27 février 1880, des distinctions faites par le législateur entre les divers mineurs émancipés.

§ 1. — *Des actes interdits au mineur émancipé.*

Pas plus que le mineur en tutelle, le mineur émancipé ne peut faire de donations. Il ne pourrait même disposer gratuitement de ses revenus (Art. 903 et 904).

Il y a exception pour les donations faites par contrat de mariage, ainsi que pour les testaments lorsque le mineur a atteint l'âge de seize ans (Art. 904).

Nous croyons encore que le mineur émancipé ne peut compromettre même relativement à des droits mobiliers. Cette question est controversée cependant. Mais, en présence de l'art. 1004 du Code de procédure civile, qui déclare qu'on ne peut compromettre sur les contestations sujettes à communication au ministère public, il nous paraît difficile de permettre cet acte au mineur émancipé. Or l'art. 83 déclare communicables au ministère public les causes des mineurs, sans aucune distinction (En ce sens. Laurent, t. 5. p. 273).

§ 2. — *Des actes pour lesquels le mineur émancipé est assimilé au mineur non émancipé*

Pour les actes de cette catégorie le mineur émancipé est soumis aux mêmes formalités que le mineur en tutelle. Seulement tandis que celui-ci est représenté par son tuteur, celui-là agit toujours lui-même. Ces formalités, nous l'avons vu, sont l'autorisation du conseil de famille, et l'homologation du tribunal dans certains cas. Mais on demande si, pour ces actes, il doit être assisté de son curateur. L'affirmative est enseignée par certains auteurs qui pensent que l'assistance du curateur requise dans des actes réputés moins importants doit l'être à plus forte raison dans ceux que l'article 484 soumet à des conditions de formes plus sévères. C'est là l'opinion de M. Demante (t. 2, p. 322) qui fait remarquer que telle était bien la pensée du Tribunat qui, dans la rédaction primitive du texte qui sert de base à notre disposition, n'exigeait pour ces actes que l'assistance du curateur. (1re rédaction de l'art. 85. Fenet, t. 10, p. 565).

Mais il est facile de répondre que cette exigence n'existe plus dans le texte définitif. D'ailleurs, en adoptant le sentiment de Cambacérès qui voulait soumettre le mineur émancipé aux mêmes conditions que le mineur en tutelle, le législateur a donné au mineur une garantie bien plus sérieuse et qui rend inutile l'intervention du curateur.

Aussi pensons-nous, avec MM. Aubry et Rau et Laurent, que l'assistance du curateur n'est pas ici nécessaire.

Le principe qui, pour les actes importants, met le mineur émancipé sur la même ligne que le mineur en tutelle a été posé dans l'art. 484. « Le mineur émancipé ne peut faire aucun acte autre que ceux de pure administration sans observer les formes prescrites au mineur non émancipé. »

Les développements que nous avons donnés pour le mineur en tutelle nous permettent d'indiquer rapidement les conséquences de cette règle.

Ainsi il en résulte tout d'abord, sans contestation possible, que le mineur émancipé ne peut faire aucun emprunt, sans une délibération du conseil de famille, homologuée par le tribunal de première instance, après avoir entendu le procureur de la République, (Art. 457, 458, 484.)

Du reste outre le principe général posé dans l'art. 484, nous avons sur ce point une disposition spéciale et formelle, contenue dans l'art. 483.

La présence de cet article dans le code, où elle semble inutile, s'explique historiquement. La règle établie par l'art. 484 n'existait pas dans le projet primitif. Elle fut insérée, sur la proposition du tribunat. Dès lors cette disposition de l'art. 483 était une répétition inutile pour un cas particulier du principe général posé dans l'art. 484. Elle a été maintenue cependant. C'est peut-être par oubli : mais c'est aussi peut-être pour bien établir que le mineur émancipé ne peut emprunter seul *sous aucun prétexte*. Il ne faudrait donc pas prétendre, comme un auteur l'avait admis, que le mineur pourrait emprunter pour faire face à ses dépenses de pure administration. La généralité du texte de l'art. 484, et les expressions énergiques de l'art. 483 repoussent à la fois cette interprétation.

Du principe que le mineur émancipé ne peut emprunter, on a tiré cette conséquence qu'il ne peut cautionner. (De Fréminville. t. II. n° 1069). Cela est en outre conforme au principe d'après lequel le mineur ne peut s'engager que dans les limites de son administration. C'est ainsi qu'il a été jugé que l'obligation contractée par une femme mineure, solidairement avec son mari, pour une autre cause que des actes d'administration, est nulle, si la mineure n'a pas été autorisée par le conseil de famille, et si la délibération du conseil n'a pas été autorisée par le tribunal (Paris 25 août 1849 — Sirey 1843, 2, 379)

Du principe posé dans l'art. 484, nous sommes encore autorisé à conclure que le mineur émancipé ne peut transiger, sans observer les formalités prescrites par l'art. 467. Cette solution est acceptée sans difficulté quand il s'agit de droits immobiliers. Mais plusieurs auteurs admettent que le mineur émancipé peut transiger sur des droits mobiliers, pour les besoins de son administration. On argumente de ce que, relativement aux actes d'administration, le mineur émancipé est entièrement assimilé au majeur. (Demolombe. t. 7. n° 282 — Aubry et Rau t. 1er p. 549.)

Malgré l'autorité d'auteurs aussi estimés, il nous paraît difficile d'accepter cette solution. En effet le principe d'après lequel le mineur émancipé serait assimilé au majeur pour les actes d'administration n'est posé d'une manière absolue que pour le mineur commerçant. L'art. 481 nous dit seulement que le mineur émancipé n'aura pas dans ce cas l'action en rescision pour cause de lésion. Le tuteur ne peut transiger sur les droits mobiliers. Comment reconnaître cette capacité au mineur émancipé, en présence de l'art. 484 ? Ajoutons qu'aujourd'hui il n'a plus seul la disposition de ses droits mobiliers (Loi de 1880).

Nous pensons donc que, pour cet acte, quel que soit son objet, le mineur émancipé est pleinement assimilable au mineur non émancipé. C'est là l'opinion de MM. Marcadé (sur l'art. 384,) Laurent, (t. V, p. 271), et Valette (*Explication du Code civil*, t. 1, p. 328). « Comment, dit ce dernier auteur, en présence de l'art. 484, le mineur émancipé serait-il capable de transiger sur tous les intérêts, même les plus graves, qui se rattachent à des actes d'administration, par exemple, sur la responsabilité du locataire en cas d'incendie de la maison louée ? »

Comme le mineur non émancipé, le mineur émancipé devra être autorisé par le conseil de famille pour accepter ou répudier une succession : c'est encore là une conséquence de l'art. 484, combiné avec l'art. 461.

Reste à parler de l'aliénation des meubles incorporels. C'est ici qu'intervient la loi du 27 février 1880. Avant cette

Joi, nous avions des textes pour les rentes sur l'État et pour les actions de la Banque de France. C'étaient la loi du 24 mars 1806 et le décret du 25 septembre 1813. Il résultait de ces dispositions que le mineur émancipé pouvait, avec la seule assistance de son curateur, vendre une inscription unique de cinquante francs. Si les inscriptions dépassaient ce chiffre, il devait obtenir l'autorisation du conseil de famille. Pour les actions de la Banque de France, il fallait faire la même distinction, suivant que le mineur avait une ou plusieurs actions.

Mais que fallait-il décider pour les rentes sur particuliers, et, d'une manière générale pour les autres meubles incorporels ? La loi était muette sur ce point et ce silence avait fait naître des systèmes divers sur cette question. Les uns, comme MM. Demante et Valette, reconnaissaient au mineur seul pleine capacité à cet égard. D'autres exigeaient l'autorisation du conseil de famillle. Mais l'opinion qui semblait avoir prévalu c'est que le mineur pouvait faire cette aliénation avec la seule assistance de son curateur. (Cass. 4 janvier 1868. Sirey. 1868.1.441.)

La loi de 1880 a tranché la question au moins pour une certaine catégorie de mineurs émancipés. L'art. 4 de la loi assimile, en effet, pour l'aliénation de ses meubles incorporels, le mineur émancipé au cours de la tutelle au mineur non émancipé.

En conséquence, s'agit-il d'aliéner un capital mobilier inférieur à 1500 francs, l'autorisation du conseil de famille sera tout à la fois nécessaire et suffisante.

Sagit-il d'une valeur supérieure, il faudra soumettre la délibération du conseil de famille à l'homologation du tribunal.

Quant aux formes de l'aliénation, il faut appliquer toutes les règles que nous avons indiquées pour le mineur en tutelle.

Nous avons vu également, qu'aux termes de l'art. 10 de
la loi nouvelle, la conversion de tous titres nominatifs en
titres au porteur est soumise aux mêmes conditions et formalités que l'aliénation de ces titres. — Les mineurs
émancipés durant la tutelle sont évidemment régis par
cette disposition.

Mais la loi ne s'applique pas au mineur émancipé, *pendant le mariage de ses père et mère.*

Elle ne s'applique pas non plus au mineur *émancipé
par le mariage.*

Le profit du gouvernement ne faisait aucune distinction :
il eut été préférable que les chambres l'eussent adopté
sans modification. On eut évité les difficultés qu'ont fait
naître ou qu'ont laisser subsister les distinctions admises.
De plus, l'exception faite par la loi en faveur des mineurs
émancipés par le mariage, ou du vivant des père et mère,
repose sur des motifs fort contestables.

D'abord quant au mineur émancipé par le mariage,
pourquoi faire une exception en sa faveur ? L'art. 484 lui
ne fait pas de distinction. Le mineur émancipé par le
mariage doit obtenir l'autorisation du conseil de famille
et l'homologation du tribunal pour l'aliénation de ses immeubles. Pourquoi admettre une règle différente pour
l'aliénation des meubles incorporels alors que le législateur
a voulu entourer d'une protection égale la fortune mobilière et la fortune immobilière ? Remarquons du reste
qu'il peut se faire qu'une jeune femme devienne veuve
à 16 ou 17 ans, et alors toute garantie lui fait défaut.

Mais nous avons à voir maintenant quels sont au juste les
mineurs émancipés qui tombent sous le coup de la loi de 1880 ?

La loi s'applique au mineur émancipé *au cours de la tutelle,* que ce soit la tutelle du survivant des père et mère,
de l'ascendant ou d'un tuteur datif.

Pourquoi encore ne pas appliquer la loi au mineur émancipé, durant le mariage de ses père et mère ? On n'a pas voulu porter atteinte à l'autorité du père. Mais ici ce n'est pas le père qui agit, c'est l'enfant. Remarquons en outre que l'enfant peut perdre son père avant sa majorité. Est-ce que la loi n'eût pas dû, au moins pour ce cas, assurer au mineur, qui peut n'être âgé que de 17 ou 18 ans, la protection du conseil de famille ?

Mais, quoiqu'il en soit, la loi est formelle et ne s'applique pas à ces deux catégories de mineurs émancipés. Mais alors quelle est leur situation ? Quelles règles faut-il leur appliquer quant à l'aliénation de leurs meubles incorporels ? Nous pensons qu'il faut admettre pour eux la solution admise pour tous les mineurs sous l'empire du Code civil. Ils pourront donc aliéner ces valeurs avec la seule assistance de leur curateur.

Remarquons seulement que la loi nouvelle, ayant formellement abrogé la loi de 1806 et le décret de 1813, le mineur émancipé pourra, sans autorisation du conseil de famille, transférer une inscription de rente, supérieure à 50 francs. L'assistance du curateur sera seule nécessaire. C'est ce que décide la circulaire du garde des sceaux, que nous avons déjà citée.

De même pour la conversion des titres nominatifs en titres au porteur, les mineurs émancipés de cette catégorie pourraient l'accomplir avec la seule assistance de leur curateur. Toutefois s'il s'agit des titres nominatifs de rente, l'art. 9 de l'ordonnance du 29 avril 1831 qui n'admet pas la conversion de ces titres quand ils appartiennent à des mineurs (sans distinction) reste toujours applicable. C'est ce que dit aussi expressément le ministre de la justice dans sa circulaire :

« Cette disposition n'est pas formellement abrogée ;
» elle est remplacée par la loi nouvelle pour les mineurs
» auxquels cette loi s'applique, mais on ne peut la consi-
» dérer au regard des mineurs émancipés par le mariage
» et de ceux qui n'étaient pas en tutelle comme contraire
» au texte de la loi de 1880, puisque l'art. 4 place ces
» mineurs en dehors de la classe des personnes auxquel-
» les il s'applique et les laisse ainsi dans la situation juri-
» dique où ils se trouvaient antérieurement. »

§ 3. — *Des actes que le mineur émancipé peut faire avec la seule assistance de son curateur.*

Les actes de cette catégorie sont les actes d'administration supérieure, ce sont ceux qui dépassent les limites de
la pure administration.

Pour quelques-uns d'entr'eux nous avons un texte formel : énumérons les.

1° Le mineur émancipé peut, avec la seule assistance
de son curateur, recevoir son compte de tutelle (Art. 480).

L'assistance du curateur est la seule condition exigée :
par conséquent le compte peut être rendu à l'amiable.
Toutefois s'il renfermait une transaction, il faudrait observer les formalités prescrites par l'art. 467.

2° L'assistance du curateur est encore tout à la fois nécessaire et suffisante pour la réception d'un capital mobilier. C'est ce qui résulte de l'art. 482. Cet article parle
de capital *mobilier*. Cette expression étonne tout d'abord,
car il semble que tous les capitaux sont mobiliers. Mais on
fait remarquer, pour justifier ce langage du législateur,
qu'au moment où l'art. 482 fut rédigé, l'art. 589 n'avait
pas encore mobilisé, sans distinction, tous les capitaux. De
plus, des lois postérieures au Code civil ont permis d'im-

mobiliser les rentes sur l'Etat et les actions de la Banque de France (Décrets du 16 janvier 1808. art. 7 et du 1er mars 1808. art. 2 et 3).

On entend par capital toute somme qui n'est pas due, ni payée à titre d'intérêts, d'arrérages, de fruits, de jouissances. Mais en dehors de ces cas, toute somme est un capital, et l'assistance du curateur est juridiquement nécessaire, quelque minime qué soit le chiffre. La loi ne fait en effet aucune distinction et nous ne voyons pas sur quelle base repose l'opinion de M. Demolombe qui enseigne « qu'il n'a pas été probablement dans l'intention du législateur de traiter comme un capital la somme même la plus minime ». Cela nous paraît arbitraire et nous pensons qu'il est non seulement plus sage, mais plus juridique d'exiger, dans tous les cas, l'assistance du curateur.

Nous nous fondons encore sur les termes absolus du texte pour repousser l'opinion de ceux qui permettent au mineur émancipé de recevoir, sans aucune assistance, les capitaux provenant de ses revenus économisés.

L'assistance du curateur est nécessaire dans tous les cas : il doit être là pour empêcher le mineur de dissiper les deniers qu'il vient de toucher. Nous avons vu que la loi lui fait un devoir d'en surveiller l'emploi. Mais les tiers qui ont payé régulièrement au mineur assisté de son curateur ne sont pas responsables de ce placement (Art. 1239).

3° Le mineur émancipé peut, avec la seule assistance de son curateur, intenter une action en partage et y défendre (Art. 840). Cette assistance est nécessaire au mineur émancipé, alors même qu'il n'aurait à partager que des meubles. L'art. 840 ne fait en effet aucune distinction. D'ailleurs le partage est un acte très important : il peut comprendre des universalités de meubles, des capitaux, et nous savons que pour la réception des capitaux, la loi a prescrit cette protection spéciale.

4° Enfin nous avons encore un texte pour l'acceptation des donations (Art. 935).

Mais il y a d'autres actes qui semblent dépasser les limites de la pure administration et pour lesquels la loi ne s'est pas expliquée formellement. De là difficulté et divergences.

La question était autrefois des plus controversées pour la cession des créances, pour l'aliénation des meubles incorporels. Nous avons vu, dans le paragraphe précédent, qu'elle avait été tranchée par loi du 27 février 1880.

Mais la difficulté subsiste pour les meubles corporels. Les auteurs sont divisés quant à la capacité qu'il faut accorder au mineur relativement à l'aliénation de son mobilier. M. Troplong (De la vente t. I. n° 167), exige l'assistance du curateur. L'argument qui sert de base à son système est tiré de l'art. 482 : d'après cet article le mineur ne peut recevoir un capital mobilier, sans l'assistance de son curateur, d'où il suit, dit cet auteur, que la vente à laquelle le curateur serait étranger ne serait pas conforme à la loi. — A cela on a répondu avec beaucoup de justesse, ce nous semble, que cette conclusion était exagérée. Si elle était exacte, le mineur émancipé ne serait pas même autorisé à vendre, soit des denrées, soit des meubles sujets à un prompt dépérissement, ce qui est inadmissible. M. Troplong, en reconnaissant capacité entière au mineur émancipé pour aliéner ces derniers objets, réfute donc lui même son propre système.

D'autres auteurs admettent que le mineur émancipé peut, dans tous les cas, sans aucune assistance disposer de son mobilier corporel. Ils font remarquer en effet qu'aucun texte ne restreint, à cet égard, la capacité du mineur émancipé. Du reste ajoutent-ils, le système de notre Code civil, sur ce point, peut se justifier par le peu d'importance que les rédacteurs du Code attachaient à la fortune mobilière. On invoque l'adage : *vilis mobilium possessio*. (En ce sens MM. Aubry et Rau, t. I, p. 548, note 3 ; Valette, Explic. du Code Napoléon, t. I, p. 315 ; Ducaurroy, Bonnier et Roustaing, t. I, p. 691).

Enfin un système intermédiaire, auquel nous croyons devoir nous rallier, est proposé par M. Demolombe (t. 8, p, 202). Le mineur émancipé, d'après cette opinion, peut aliéner seul son mobilier corporel, dans les cas où cet acte constitue un acte d'administration. Si l'aliénation est faite en dehors de ces limites, il faudra l'assistance du curateur. Cette opinion nous paraît conforme à l'art. 481, qui ne permet au mineur émancipé que les actes de pure administration. Elle est en complète harmonie avec la solution donnée, à notre avis, par l'art. 1449 pour la femme séparée de biens. On objecte qu'il sera souvent difficile de juger si une vente de meubles corporels constitue ou non un acte de pure administration. A cela nous répondons que, dans beaucoup de cas, la question ne sera pas douteuse : il en sera ainsi, s'il s'agit de l'aliénation de récoltes. D'ailleurs, s'il éprouve quelque scrupule, l'acquéreur n'aura qu'à traiter avec le concours du curateur. C'est là la solution qui a été adoptée par la Cour de cassation le 7 juillet 1879 (Sirey, 1880, I, 206). Dans l'espèce, le mineur avait vendu seul un mobilier d'une valeur de 16,000 francs. La Cour suprême a décidé que c'était là un acte qui dépassait les limites de la pure administration et, qu'en conséquence, l'assistance du curateur était nécessaire.

Un autre acte pour lequel il y a difficulté, c'est l'action mobilière, lorsqu'il s'agit d'un capital. On admet qu'en général le mineur émancipé peut plaider seul, soit en

défendant, soit même en demandant pour ce qui est relatif à
ses droits mobiliers. L'art. 482 n'exige en effet l'assistance
du curateur que pour l'exercice des actions immobilières.

Mais plusieurs auteurs font une exception pour le cas
où l'action a pour objet un capital. Le motif est tiré de
l'art. 482 qui exige l'assistance du curateur pour recevoir
un capital et en donner décharge.

Mais n'est-ce pas là confondre la poursuite, le procès
lui-même, avec la réception du capital ? Recevoir un capital est un acte qui n'est pas sans danger, car il est à
craindre que le jeune homme le dépense follement ou tout
au moins n'en fasse pas un emploi réfléchi. Mais ce danger
n'existe pas pour le procès lui-même : devant les tribunaux
le mineur aura son défenseur nécessaire, le ministère
public. Nous pensons donc que le mineur pourra agir seul
en justice. Maintenant si le débiteur est condamné, il ne
pourra payer entre les mains du mineur que s'il est assisté de son curateur. C'est là le sentiment de MM. Valette,
Demante, Laurent : c'est à cette opinion que s'est rangée
la Cour de Douai, qui avait d'abord consacré la première
opinion (arrêts du 22 décembre 1863 et du 16 avril 1845 ;
Sirey, 1865, 2, 13 et 1866, 2, 174).

Il suit de là que le mineur émancipé peut acquiescer
seul à une demande mobilière.

§ 4. — *Des actes que le mineur émancipé peut faire seul.*

La loi s'exprime en termes forts restrictifs pour les actes
que le mineur émancipé peut faire seul : ce sont seulement, aux termes de l'art. 481, les actes de *pure* administration. Ainsi le mineur émancipé n'a pas capacité pour
faire seul tous les actes qui rentrent dans l'administration
proprement dite. Cela résulte d'ailleurs de ce que nous
avons dit dans le paragraphe précédent, où nous avons vu

que, dans les actes d'administration supérieure, il devait être assisté de son curateur.

Ainsi, à cet égard, sa capacité est plus restreinte que les pouvoirs du tuteur d'un mineur émancipé. Elle est encore plus restreinte que celle de la femme séparée de biens, qui elle aussi a la gestion de sa fortune, mais à qui l'art. 1449 reconnaît la capacité de faire non plus les actes de *pure* administration, mais ceux de *libre* administration.

Quels sont donc les actes que le mineur émancipé peut faire seul ? Énumérons les principaux.

1° Comme le tuteur, le mineur émancipé peut faire *les actes conservatoires* de sa fortune mobilière.

Nous devons signaler pourtant, sur ce point, une différence entre les pouvoirs du tuteur et la capacité du mineur émancipé, Nous avons admis en effet que le tuteur pouvait faire des grosses réparations, même en entamant les capitaux du pupille. Le mineur émancipé lui ne peut employer à cet effet que ses revenus. En effet, il n'a pas la disposition de ses capitaux.

Nous n'avons pas à nous occuper de la capacité du mineur émancipé en ce qui concerne la passation des baux : cela a trait en effet à sa fortune immobilière. Mais, à cette occasion, on se demande si le mineur émancipé peut toucher par anticipation les loyers et fermages. Les auteurs et la jurisprudence sont d'accord pour répondre négativement. En effet c'est les capitaliser que de les recevoir en une seule fois et le mineur ne peut recevoir un capital mobilier sans l'assistance de son curateur.

2° Le mineur émancipé peut payer ses dettes ; il peut recevoir le paiement de ses créances, pourvu qu'il ne s'agisse pas d'un capital. La loi dit : il recevra ses revenus, en donnera décharge. Donner décharge, c'est reconnaître qu'on a reçu un paiement. La capacité de donner quittance est une conséquence nécessaire de la capacité de recevoir la créance.

3° Quant au placement de ses économies, le mineur émancipé a toute capacité à cet effet. A cet égard, sa capacité est plus grande que les pouvoirs du tuteur. C'est que le tuteur n'est qu'administrateur, tandis que le mineur émancipé est propriétaire.

4° Le mineur émancipé peut s'obliger, dans les limites de l'administration, pourvu que ce ne soit pas par voie d'emprunt. Seulement nous savons que, dans certaines circonstances données, les tribunaux peuvent réduire ses engagements.

5° Enfin nous avons vu que le mineur émancipé a pleine capacité, quant à l'exercice des actions mobilières.

§ 5.—*Du mineur émancipé autorisé à faire le commerce.*

Nous avons à parler maintenant des règles spéciales qui régissent le mineur émancipé légalement autorisé à faire le commerce. Nous n'aurons pas à indiquer les conditions que doit remplir le mineur pour être habilité à faire le commerce : elles sont indiquées par l'art 2 du Code de commerce. Nous le supposons valablement autorisé et nous avons à étudier quelle est sa capacité, relativement à l'administration de sa fortune mobilière. Sur ce point nous avons la disposition de l'art. 487 du Code civil ainsi conçu : « Le mineur émancipé, qui fait un commerce, est réputé majeur pour les faits relatifs à ce commerce. »

Ainsi, pour les actes commerciaux, le mineur commerçant est assimilé à un majeur. Par conséquent il pourra, dans cette sphère, plaider, transiger, emprunter, s'obliger personnellement, sans être soumis à aucune restriction. Ses actes ne seront pas rescindables pour lésion (art. 1308), ni réductibles pour cause d'excès. Mais remarquons que c'est pour son commerce seulement que le mineur émancipé est assimilé au majeur et on pourrait encore dire avec Jousse (sous l'art. 6 de l'ordonnance Boileux) que sa capacité est non générale, mais spéciale.

Mais dans certains cas, il pourra y avoir doute sur le point de savoir si l'acte fait par le mineur est ou non relatif à son négoce. A ce propos on se demande s'il faut appliquer l'art. 698 du code de commerce, d'après lequel les billets souscrits par un commerçant sont censés faits pour son commerce. C'est là une question controversée, mais son examen sortirait des limites de notre sujet. La cour de cassation, par un arrêt en date du 29 mars 1857 (Dalloz 1875, 1,126) a admis l'affirmative.

Telle était la situation du mineur commerçant avant la loi du 27 avril 1880 : a-t-elle été modifiée par la loi nouvelle? Nous ne le pensons pas. Cela résulte, si non du texte de la loi qui ne fait aucune distinction, au moins des travaux préparatoires qui ne laissent, il nous semble, aucun doute à cet égard. En effet d'après le projet, adopté par la commission de la chambre des députés, on exemptait le mineur autorisé à faire le commerce des formalités exigées par la loi pour l'aliénation des meubles incorporels: mais l'assistance du curateur était exigée. (*Journ. officiel* du 7 avril 1879).

Mais cette exigence donna lieu à une observation de M. Durand qui fit remarquer que la condition du mineur commerçant, relative a sa fortune mobilière ne serait plus en harmonie avec sa condition relative à sa fortune immobilière, telle qu'elle lui est faite par le Code de commerce. « Une telle situation, ajoutait-il, ne serait-elle pas abso- » lumènt incompatible avec la célérité des opération com-

» merciales, avec la spontanéité nécessaire en pareille
» matière et, je puis le dire surtout; avec l'indépendance
» commerciale qui doit appartenir à celui qui se livre au
» négoce ! » — Journ. Offic. du juin 1879).

L'article 4 du projet fut renvoyé à la commission, à la
suite de ces observations, et l'alinéa relatif au mineur commerçant ne se trouve plus dans le texte définitivement
adopté. Qu'en conclure ? Il appert, d'une manière évidente,
de l'intention du législateur que le mineur commerçant
n'est pas soumis aux formalités de la loi de 1880. Cela nous
paraît certain.

Cependant il eut été préférable pour éviter toute équi-
voque de s'en expliquer formellement, au lieu de se contenter de supprimer la disposition qui concernait cette situation.

Nous avons ainsi terminé l'étude que nous avions
entreprise. Nous pouvons maintenant, si non juger
l'œuvre du législateur sur notre matière, au moins exprimer les améliorations qui, à notre avis, seraient désirables.

Déjà, ça et là, au cours de ce travail, nous avons signalé
quelques défauts, hasardé quelques vœux : il n'est peut-
être pas inutile maintenant de les résumer et de les présenter dans leur ensemble.

Nous avons vu d'abord que le Code civil contenait une
lacune regrettable quant à la protection de la fortune mobilière des mineurs : le législateur de 1880 a essayé d'apporter, sur ce point, une amélioration utile. A-t-il pleine-
nement réussi ? Que faut-il penser de la loi du 27 février
1880 ? Les critiques ne l'ont pas épargnée. On l'a accusée
d'être peu favorable aux mineurs à qui elle impose des

frais considérables. A notre sens, ces reproches sont exagérés. Sans doute, l'application de ces nouvelles prescriptions augmentera les dépenses de la tutelle, mais c'est là
une conséquence forcée des garanties nouvelles édictées
par la loi, d'ailleurs qu'importe quelques frais si la fortune
du mineur ne peut être qu'à ce prix, à l'abri des impru-
dences ou des malversations de celui qui la gère? Celui
qui assure ses biens contre l'incendie n'a-t-il pas une
prime à payer? Ne vaut-il pas mieux, pour le pupille,
trouver à sa majorité son patrimoine un peu diminué
que d'être exposé à ne trouver qu'une créance contre un
tuteur insolvable? Du reste, comme on l'a fait observer,
e conseil de famille, éclairé par le juge de paix ce conseil qui a reçu de la loi nouvelle une compétence assez
étendue, pourra prendre toutes les mesures nécessaires pour
éviter les frais exagérés. Nous pensons donc qu'à ce premier point de vue, la loi du 27 février 1880 a réalisé un
progrès véritable, qu'elle est de nature à sauvegarder
bien des intérêts.

Bien plus nous avons exprimé le regret qu'elle n'eut pas
une portée plus générale : il eut été désirable, croyons-nous,
que ces prescriptions nouvelles eussent été étendues au père
administrateur légal. Montesquieu dit de la puissance paternelle, dans ses *Lettres Persanes* (lettre 74) que c'est de
toutes les puissances celle dont on abuse le moins, que c'est
la plus sacrée de toutes les magistratures, la seule qui ne
dépend pas des conventions, et qui les a même précédées.

C'est ce respect, peut-être un peu exagéré, de l'autorité
paternelle qui a arrêté ici le législateur de 1880. Malheureusement les faits attestent que cet abus, quoi qu'en ait
dit l'auteur de l'*Esprit des Lois*, se produit quelquefois.
L'expérience l'a surtout constaté quant à l'administration
des biens. Nous savons combien le Code civil est laco-

nique en ce point; nous avons vu les difficultés que fait naître ce silence de la loi, les dangers de cette latitude excessive laissée au père de famille. M. le garde des sceaux a promis une loi sur ce point. Nous appelons de tous nos vœux la réalisation de cette promesse.

Quant aux mineurs émancipés, nous avons vu les distinctions que fait la loi nouvelle à leur égard. Elle ne leur applique que celles de ces dispositions qui restreignent la capacité de l'incapable.

Les mesures que nous avons appelées préventives sont étrangères à ces mineurs : nous l'avons regretté et nous avons donné les motifs de ces regrets.

Nous avons critiqué également les exceptions faites par le législateur pour certains mineurs émancipés : les raisons alléguées pour ces réserves ne nous ont pas paru satisfaisantes. Nous eussions préféré, encore ici, une portée plus générale.

Quoi qu'il en soit, nous le répétons, la réforme est bonne et l'intention du législateur a été excellente. Mais n'est-il pas à craindre que cette loi de 1880 reste souvent inappliquée ? Ce danger existe : il tient à l'organisation de notre système tutélaire qui est des plus défectueux. C'est là le reproche que faisait, sur ce point, à notre Code civil, M. Jules Favre, dans la séance du Sénat du 24 mai 1878 : « Nulle part, comme en France, disait-» il, les tutelles ne sont abandonnées à l'intérêt privé et, » je pourrais dire au hasard... » On constaste en effet que beaucoup de mineurs n'ont pas de tuteur. Les conseils de famille ne sont pas constitués, le subrogé tuteur n'est pas nommé et l'enfant ainsi abandonné, sans protection légale, voit ses intérêts les plus considérables gravement compromis, quand ils n'ont pas péri complètement. Pour remédier à ces inconvénients, l'illustre sénateur aurait voulu qu'on fît une part plus large à l'initiative et au contrôle des pouvoirs publics. C'est dans ce sens qu'il a déposé un projet de loi (*Journal officiel* du 12 juin 1878).

Des mesures qui paraissent fort efficaces étaient édictées pour assurer l'organisation de toutes les tutelles. Cette réforme sage et désirable a cependant été repoussée par le Sénat (*Journal officiel* du 15 février 1881). Qu'il nous soit permis de le regretter. On aurait fait ainsi un pas de plus dans la voie de la protection due aux mineurs, à ceux qui, ne pouvant se défendre eux-mêmes, ont droit à la sollicitude et à l'assistance des pouvoirs publics. « C'est là, » disait M. Jules Favre, un sujet qui mérite, à tous égards, » notre sollicitude, puisqu'il intéresse l'enfance, c'est-à-» dire notre force, notre avenir, l'objet le plus légitime » de notre prédilection et de notre vigilance. »

POSITIONS

DROIT ROMAIN

I. — L'*infantia*, même à l'époque classique, avait une durée préfixe de sept années.

II. — Sous le système des actions de la loi, le tuteur pouvait représenter en justice son pupille *infans*.

III. — A la fin de l'époque classique, le tuteur répondait de sa faute légère appréciée *in abstracto*.

IV. — Le pupille *infans* n'a jamais pu acquérir la possession sans l'intervention de son tuteur.

V. — Le tuteur ne pouvait pas répudier la *bonorum possessio*, au nom de son pupille (L. 11, Liv. 26, tit. 8.— L. 8, Liv. 37, tit. 1).

DROIT CIVIL

I. Le tuteur ne peut, dans aucun cas, être dispensé de faire inventaire.

II. — La déchéance prononcée par le second alinéa de l'art. 1442 contre le conjoint survivant, qui n'a pas fait inventaire, est spéciale au régime de communauté.

III. — Le survivant des père et mère, de même qu'un usufruitier ordinaire, ne répond pas de la perte arrivée par cas fortuit des meubles dont il a la jouissance légale.

IV. — Le survivant des père et mère est soumis aux formalités de l'art. 6 de la loi du 27 février 1880, même quand il a la jouissance légale.

V. — Les articles 455 et 456 ne sont plus applicables au tuteur qui continue à gérer après la majorité de son pupille.

VI. — En cas d'aliénation de meubles incorporels, pour savoir s'il y a lieu de recourir à l'homologation du tribunal, c'est la valeur du meuble incorporel au moment de la délibération du conseil de famille qu'il faut prendre en considération, et non pas cette valeur au jour de la vente.

VII. — Le tuteur peut, sans autorisation, former une surenchère valable au nom de son mineur.

VIII. — Le père, administrateur légal des biens de ses enfants, peut faire seul les actes que le tuteur peut faire seul et ceux que le tuteur peut faire avec la seule autorisation du conseil de famille. — Il peut faire, avec l'autorisation judiciaire, ceux pour lesquels le tuteur doit obtenir l'autorisation du conseil de famille et l'homologation du tribunal.

IX. — Le mineur émancipé peut aliéner seul son mobilier corporel, dans le cas où cet acte constitue un acte d'administration.

X. — Le mineur émancipé peut intenter seul une action mobilière, même quand elle a pour objet un capital.

HISTOIRE DU DROIT

I. — Clovis n'a jamais été, en Gaule, le représentant de l'autorité romaine.

II. — La censive n'a pas une origine romaine.

DROIT PÉNAL

I. — Le tuteur, qui a détourné des valeurs appartenant à son pupille, tombe sous le coup de l'art. 408 du Code pénal et est passible des peines de l'abus de confiance (Cass., 3 février 1870, Sirey, 1872. 1. 151).

II. — La Cour d'assises peut admettre des circonstances atténuantes quand elle statue sur un contumax.

DROIT DES GENS

I. — Un étranger peut être tuteur en France (Paris, 21 août 1879, *Journal du Palais,* 1880, p. 423).

II. — Le père étranger ne peut invoquer la jouissance légale sur les immeubles de son enfant mineur situés en France, que si sa loi nationale lui reconnaît cet usufruit paternel.

Vu par le doyen de la Faculté :

Ch. BEUDANT.

Vu par le président de la thèse :

C. BUFNOIR.

Vu et permis d'imprimer :

Le vice-recteur de l'Académie de Paris :

GRÉARD.

TABLE DES MATIÈRES

―――

DROIT ROMAIN

DROIT FRANÇAIS

Châteauroux. — Imp. Nuret, MAJESTÉ, successeur.

9 782014 432343